Schnitzel
pur, gerollt, paniert

Über 100 Rezepte für
Schnitzelvielfalt ohne Ende

Text: Margit Proebst
Fotos: Studio L'EVEQUE Tanja & Harry Bischof

Inhaltsverzeichnis

Titelbild
Das auf dem Umschlag abgebildete »Pistazienschnitzel« (im Bild links) finden Sie auf Seite 47, das »Wiener Schnitzel« (im Bild rechts) auf Seite 39.

Schnitzelkunde von Schwein bis Reh

1. Schwein

Die besten Schweineschnitzel werden aus der Hüfte und der Keule geschnitten, denn da ist das Fleisch zart und kurzfaserig. Ebenfalls zum Kurzbraten geeignet ist das ausgelöste Kotelettstück. Dabei ist Qualität das A und O. Klar, nicht jeder kann sich Bio-Fleisch leisten, aber auch bei konventionell aufgezogenen Schweinen gibt es große Unterschiede. Ein Indiz ist die Färbung: Das Fleisch sollte hellrosa, die Schnittfläche fest und matt glänzend sein. Wenn das Fleisch beim Braten »zusammenschnurrt«, ist das ein sicheres Zeichen von schlechter Qualität.

2. Kalb

Die besten Kalbsschnitzel (z. B. für Wiener Schnitzel) werden aus der Oberschale, einem Teil der Keule, geschnitten. Auch alle anderen Teile von Hüfte und Keule liefern zartes Fleisch mit feinen Fasern. Manche Metzger bieten auch Kalbsschnitzel aus der Schulter an. Sie sind billiger, aber weniger zum Panieren als zum etwas längeren Schmoren geeignet. Kalbsschnitzel sind ein vergleichsweise teures kulinarisches Vergnügen für besondere Anlässe. Im Alltag können Sie alle Kalbsschnitzel-Rezepte auch mit Putenschnitzeln zubereiten.

3. Pute

Putenfleisch ist fett- und kalorienarm. Die Schnitzel werden aus der Putenbrust geschnitten, deren Fleisch sich prima zum Kurzbraten eignet. Wenn Sie selbst eine Putenbrust zu Schnitzeln verarbeiten, achten Sie darauf, immer quer zur Faser zu schneiden. Aus den Abschnitten können Sie Geschnetzeltes machen. Das Fleisch muss fest und kräftig rosafarben sein. Sie können alle Rezepte dieses Buches mit Putenschnitzeln zubereiten. Die Bratzeit verkürzt sich im Vergleich zu Schweine-, Lamm- oder Rehschnitzeln meist um 1–2 Min. pro Seite.

4. Hähnchen

Für die Hähnchenschnitzel, -spieße und gefüllten Hähnchenbrüste in diesem Buch brauchen Sie Brustfilets ohne Haut und Knochen. Um sie selbst auszulösen, schneiden Sie die zwei Bruststücke mit einem scharfen Messer links und rechts mit tiefen Schnitten entlang des Brustbeins heraus. Die Haut lässt sich leicht abziehen. Achten Sie beim Verarbeiten von Geflügel wegen der Salmonellengefahr ganz besonders auf Hygiene: Spülen Sie das Fleisch vor dem Zubereiten kalt ab und waschen Sie alle Utensilien wie Brett, Messer etc. anschließend sorgfältig mit Spülmittel und heißem Wasser.

5. Lamm

Lammfleisch spielt besonders in der orientalischen und Mittelmeer-Küche eine große Rolle. Lammschnitzel werden aus der Keule und dem Rückenfilet geschnitten. Man findet sie bei uns nicht allzu oft im Handel, Sie können sie entweder beim Metzger vorbestellen – oder selbst auslösen. Auch hier gilt die Regel: Das Fleisch immer quer zur Faser schneiden! Lammfleisch hat eine kräftig rosa bis dunkelrote Farbe – je älter das Tier, desto dunkler ist der Farbton. Der mildwürzige Geschmack harmoniert vorzüglich mit Knoblauch und mediterranen Kräutern.

6. Reh

Für Rehschnitzel verwenden Sie entweder Scheiben vom Rückenfilet – das beste Stück vom Reh – oder Fleisch aus der Hüfte oder der Keule. Reh zeichnet sich durch dunkelrotes, kurzfaseriges Fleisch aus und ist besonders fett- und kalorienarm (ca. 120 kcal pro 100 g), trocknet dadurch allerdings beim Kurzbraten leicht aus. Daher ist es wichtig, die Schnitzel in der Pfanne nicht zu scharf anzubraten. In Kombination mit sahnigen Saucen, Rotwein, Pilzen, Beeren, Nüssen und Gewürzen wie Thymian und Wacholder kommen Rehschnitzel besonders fein daher.

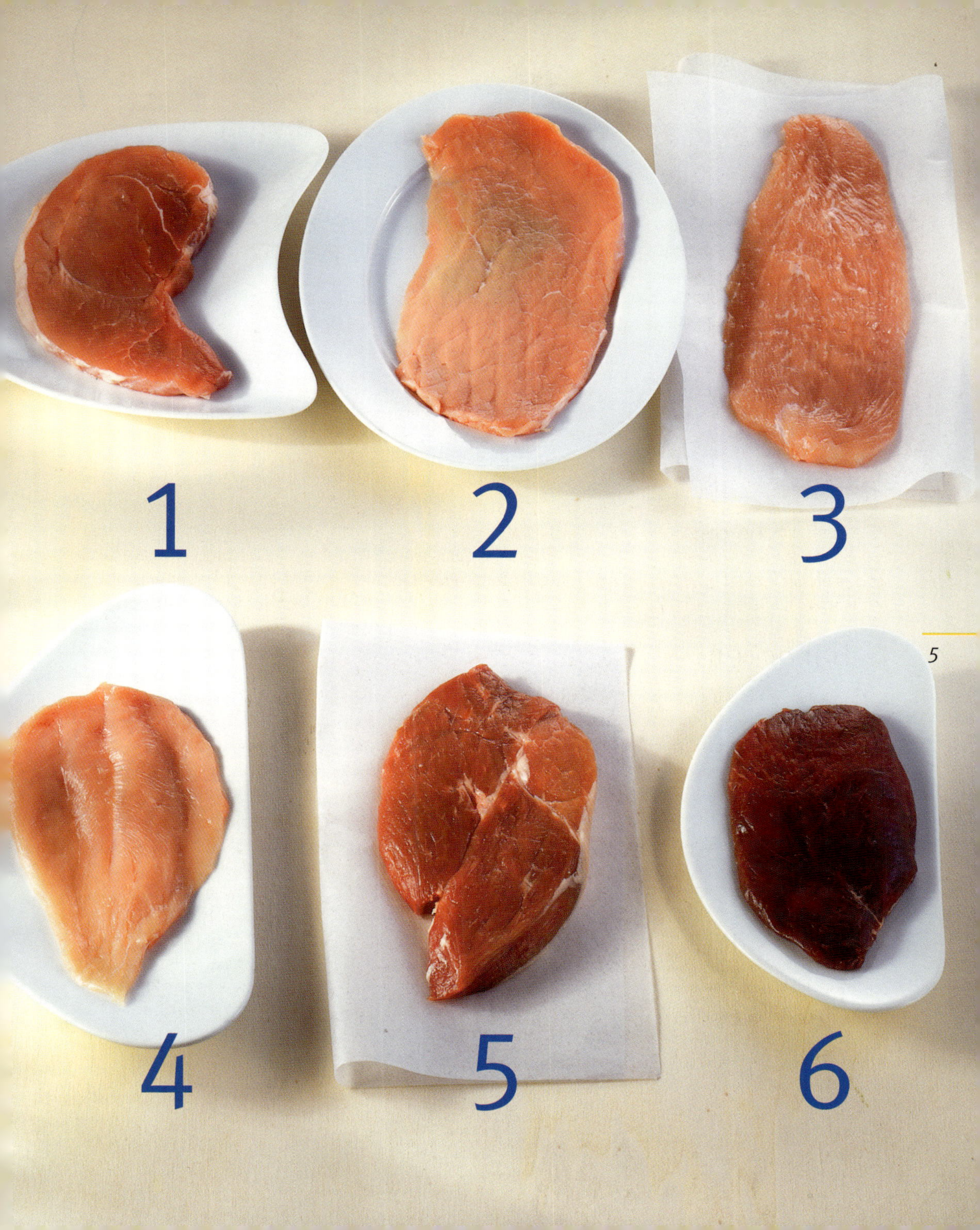
1
2
3
4
5
6

1. Eisenpfanne

Welche Pfannen Sie wirklich brauchen, hängt ganz davon ab, welche Zubereitungsarten Sie bevorzugen. Perfekt für einfach gebratene Schnitzel oder solche, aus deren Bratensatz gleich eine Sauce gemacht wird, ist eine Eisenpfanne. Aus Bratfett und Fleischsaft bildet sich am Schnitzel eine herzhafte Kruste, die Röststoffe verleihen auch der Sauce eine feine Würze. Wenn Sie Ihre Eisenpfanne gut pflegen, das heißt mit einem weichen Schwamm und wenig Spülmittel reinigen und gelegentlich einölen, dann können Sie auch panierte Schnitzel darin braten.

2. Beschichtete Pfanne

Für Schnitzel, Spieße und Rouladen universell einsetzbar ist die beschichtete Pfanne. Titanbeschichtete Alugusspfannen haben der klassischen Teflonpfanne den Rang abgelaufen. Ihr Vorteil: Die Beschichtung ist fast unverwüstlich und löst sich selbst beim Einsatz von Metallpfannenwendern nicht ab. Für einen 4-Personen-Haushalt ist je eine Pfanne mit 30–32 cm (für große panierte Schnitzel und für Schnitzel mit Sauce), mit 26–28 cm (für Naturschnitzel) und mit 15 cm Ø (zum Rösten von Nüssen oder von kleinen Mengen Zwiebeln etc.) zu empfehlen.

3. Grillpfanne

Diese Spezialpfanne eignet sich bestens fürs fettarme Braten. Die Schnitzel liegen dabei nicht vollständig im Bratfett, sondern auf den Bratstegen auf, werden also sozusagen »gegrillt«. Bei kurzer Bratzeit werden sie innen saftig und erhalten außen die charakteristischen Grillstreifen. Erwärmen Sie die Grillpfanne auf mittlere bis starke Hitze und pinseln Sie dann die Bratstege dünn mit Öl ein – am besten mit einem hitzebeständigen Silikonpinsel. Alles über die richtigen Öle und Bratfette lesen Sie auf Seite 17. Marinierte Schnitzel werden in der Grillpfanne besonders zart (siehe Seite 12).

4. Schmorpfanne mit Deckel

Eine beschichtete Schmorpfanne aus Aluguss ist unverzichtbar für alle gefüllten Schnitzel und Rouladen, die nach dem Anbraten zugedeckt schmoren sollen. Auch bei schwacher Hitze bildet sich Wasserdampf im Inneren, der die Schnitzel weich und zart macht. Die Schmorpfanne leistet auch gute Dienste bei Schnitzeln, die nach dem Braten in der Sauce ziehen sollen, damit sich die Aromen optimal verbinden, oder wenn mit dem Fleisch andere Zutaten geschmort werden. Für 4 Personen ist eine Größe von 30 bis 32 cm Ø optimal.

5. Wok

Der Wok ist eine asiatische Metallpfanne mit zwei Henkeln, die einen Boden mit geringem Durchmesser und schräge Seitenwände besitzt. Am Boden entwickeln sich sehr hohe Temperaturen, die für das sog. Pfannenrühren, das Kurzbraten von geschnetzeltem Fleisch und klein geschnittenem Gemüse, ideal sind. Man brät alle Zutaten unten nacheinander unter ständigem Rühren an. Ist etwas knapp gar, schiebt man es an die weniger heißen Seitenwände und brät unten die nächste Zutat an. So bleibt alles schön knackig, Vitamine und Nährstoffe werden geschont.

6. Pfannenwender & Co.

Früher waren nur **Pfannenwender** aus Holz oder Kunststoff angesagt, weil Metall die Beschichtung beschädigt hätte, bei den heutigen Beschichtungen sind Kratzer kein Thema mehr (siehe Punkt 2). Ein **Spritzschutz** sorgt dafür, dass Ihr Herd nach dem Schnitzelbraten nicht völlig fettverklebt ist. Der Vorteil gegenüber dem Deckel ist, dass der Dampf entweichen kann, also z. B. panierte Schnitzel ihre knusprige Kruste behalten. Zur Grundausstattung gehört ferner unbedingt ein gutes **Fleischmesser** mit schmaler, biegsamer Klinge.

1
2
3
4
5
6

Die Top 9 der Panaden-Zutaten

1. Eier

Um Schnitzel zu panieren, das heißt mit einer würzigen Hülle zu versehen, braucht man einen »Klebstoff«. Dazu dienen Eier, die Sie in einen tiefen Teller schlagen und mit einer Gabel verquirlen. Je nach Rezept geben Sie noch etwas Milch oder Sahne dazu. Für manche Panaden genügt es auch, die Schnitzel mit Eiweiß einzupinseln.

2. Semmelbrösel

Weiterer Grundbestandteil der klassischen Panade sind Semmelbrösel, auch Paniermehl genannt. Es gibt sie fertig zu kaufen, doch sind sie ganz einfach selbst herzustellen: trockenes Weißbrot, Toastbrot oder Brötchen entrinden und im Blitzhacker fein zerkleinern. Mit dem Brot können Sie gleich würzige Beigaben wie Kräuter, Käse oder Nüsse hacken.

3. Kräuter

Thymian, Rosmarin, Salbei und Petersilie als Beigabe zum Ei oder den Semmelbröseln geben der Panade einen würzigen Geschmack. Ihr kräftiges Aroma geht beim Braten nicht verloren. Basilikum, Dill, Oregano, Schnittlauch und Minze eignen sich nur bedingt, z. B. für die Eihülle von Kräuterschnitzeln (siehe Seite 41). Nicht geeignet sind Kresse und Koriandergrün.

4. Käse

Er sorgt für eine würzige Note. Besonders gut geeignet ist frisch geriebener Hartkäse wie Parmesan (aus Kuhmilch) oder Pecorino (aus Ziegenmilch). Wichtig: Die Schnitzel nicht in Käse pur wenden, denn dieser löst sich beim Braten leicht ab. Für eine perfekte Panade besser den geriebenen Käse mit der gleichen Menge Semmelbrösel mischen.

5. Nüsse

Ein feinnussiges Aroma bekommen Ihre Schnitzel mit Mandeln, Haselnüssen oder Erdnüssen – Stifte, Blättchen, gehackte oder gemahlene Nüsse, alles geht. Wichtig nur: Klopfen Sie die Schnitzel flach und gleichmäßig dünn und braten Sie sie bei mäßiger Temperatur nicht länger als 3 Min. pro Seite – Nüsse verbrennen leicht und schmecken dann bitter.

6. Pistazien

Dünne Schnitzel, bei mäßiger Temperatur nicht zu lange braten – das gilt auch in besonderem Maße für Pistazien. Sie geben dem Fleisch ein unvergleichliches Aroma, verbrennen aber leicht, werden unansehnlich und schmecken nicht mehr. Die Pistazien am besten gleich zusammen mit dem Weißbrot für die Brösel hacken (siehe Seite 47).

7. Kokosnuss

Für einen exotischen Touch sorgen Kokosraspel. Auch sie sind recht empfindlich, also dünne Schnitzel verwenden und bei schwacher Hitze braten. Ein besonders frisches Kokosaroma verleihen Ihren Schnitzeln Kokoschips aus dem Naturkostladen. Die Chips etwas zerbröseln, die Schnitzel mit verquirltem Eiweiß einpinseln und darin wenden (siehe Seite 49).

8. Sesam

Die Sesamsamen sind so klein, dass sie sich mühelos in das Fleisch drücken lassen. Es ist deshalb gar nicht nötig, die Schnitzel mit Mehl und Ei vorzubereiten. Sie können zum Panieren sowohl geschälte als auch ungeschälte Sesamsamen verwenden (siehe Seite 81). Ihr zartes Aroma harmoniert gut mit asiatischen Gewürzen wie Chili, Ingwer und Sojasauce.

9. Kartoffeln

Kartoffelstifte bzw. -raspel sind eine raffinierte Hülle für Schnitzel. Es erfordert zwar etwas Geschick, die Schnitzel damit zu »panieren«, aber das zarte und saftige Ergebnis sieht aus wie im Sternerestaurant – Ihre Gäste werden staunen! Damit nichts schief gehen kann, ist auf Seite 44/45 in drei Steps genau gezeigt, wie Sie dabei am besten vorgehen.

1
2
3
4
5
6
7
8
9

Die Top 9 für Schnitzel-Füllungen

1. Schinken

Zum Füllen von Schnitzeln eignen sich Speck (z. B. kombiniert mit Pilzen oder Trockenfrüchten) und gekochter Schinken (z. B. mit Käse) ebenso wie luftgetrockneter Schinken (z. B. Parma- oder Serranoschinken, gerne zusammen mit mediterranen Kräutern). Vorsichtig sein sollten Sie nur mit geräuchertem Schinken, der nach dem Garen oft zu salzig schmeckt.

2. Käse

Alle leicht schmelzenden Sorten wie Camembert, Brie, Mozzarella, Gorgonzola lassen sich gut zum Füllen verwenden, ebenso Gouda, Fontina, Schaf- und Ziegenfrischkäse. Hartkäse wie Parmesan oder Pecorino ist gerieben (oder im Pesto) eine gute Wahl. Nehmen Sie nicht zu viel Füllung und achten Sie darauf, dass diese nicht auslaufen kann.

3. Kräuter

Sie können alle Kräuter verwenden, die der Garten, die Fensterbank oder der Markt hergibt. Klassische Kombinationen sind Schinken + Salbei, Pilze + Thymian und/oder Petersilie, Tomatenwürfelchen (frisch oder getrocknet) + Basilikum, Schaf- oder Ziegenkäse + Oregano. Auch lecker: gehackter Thymian + Rosmarin + Salbei + etwas Knoblauch.

4. Gemüse

Gemüsefüllungen schmecken aromatischer, wenn Sie sie in Butter oder Öl vorbraten. Preiswert und beliebt für Kalbs- oder Putenschnitzel: 1 Bund Suppengrün (Möhre, Knollensellerie, Petersilienwurzel, Lauch) putzen und waschen bzw. schälen und in winzig kleine Würfel schneiden. In 1 EL Öl anbraten, salzen, pfeffern. 1 EL gehackte Petersilie unterrühren.

5. Pilze

Eine klassische Pilzfüllung ist die sog. Duxelles: 2 fein gehackte Schalotten und 250 g fein gehackte Champignons oder Egerlinge in 1 EL Butter unter Rühren braten, bis alle Flüssigkeit verdampft ist. Salzen, pfeffern, 1 EL gehackte Petersilie untermischen. Für ein noch intensiveres Aroma getrocknete Steinpilze (einweichen, fein hacken) dazugeben.

6. Trockenfrüchte

Aus getrockneten Aprikosen, Backpflaumen und Rosinen lassen sich süß-pikante Füllungen zaubern – insbesondere in Verbindung mit orientalischen Gewürzen wie Safran, Kurkuma und Kreuzkümmel. Auch sehr lecker sind fein gewürfelte Datteln, getrocknete Mangos oder Orangeat – z. B. statt Rosinen in der Hackfleischfüllung der Putenröllchen von Seite 66.

7. Nüsse & Samen

Gehackte Walnüsse und Pistazien, Mandelsplitter, Kürbis- oder Pinienkerne sorgen vor allem bei Käsefüllungen für zarten Biss und einen feinen Geschmack. Damit die Nüsse und Samen (außer Pistazien) ihr Aroma voll entfalten, sollten Sie sie vor Gebrauch in einer Pfanne bei schwacher Hitze unter regelmäßigem Rütteln ohne Fett rösten, bis sie duften.

8. Pesto

Die italienische Würzpaste aus Kräutern, Nüssen oder Samen, Öl und Käse – ob selbst zubereitet oder fertig gekauft – ist nicht nur als Pasta-Sauce der Hit, sondern eignet sich auch ausgezeichnet zum Füllen von Schnitzeln und Rouladen. Auf Seite 63 und 101 finden Sie einige tolle Varianten, mit denen sich so manch Leckeres anrichten lässt.

9. Chutney

Chutneys und Marmeladen bringen einen fruchtigen Akzent. So harmoniert z. B. Mangochutney hervorragend mit Schwein und Pute – egal ob in gefüllten Schnitzeln, paniert oder natur, oder in pikanten Röllchen. Ebenfalls lecker sind Orangenmarmelade + Frühlingszwiebeln (Hähnchen oder Kalb) oder Feigenmarmelade + Gouda (Kalb oder Pute).

1
2
3
4
5
6
7
8
PESTO GENOVESE
9

6 Marinaden-Blitzrezepte

1. Provenzalisch

1 Bund Kräuter der Provence (Rosmarin, Thymian, Lavendel, Majoran) waschen, die Blätter bzw. Nadeln fein hacken und mit 4 EL Olivenöl mischen. 2 geschälte Knoblauchzehen dazupressen, mit frisch gemahlenem Pfeffer würzen. 4 Schnitzel (Schwein, Lamm oder Pute) in der Marinade wenden, zugedeckt mindestens 2 Std., besser 12 Std. kalt stellen. 1 Std. vor dem Braten aus dem Kühlschrank nehmen. Eine Grillpfanne auf mittlerer Stufe erhitzen, Stege mit einem Silikonpinsel einölen. Schnitzel mit Küchenpapier abtupfen und von jeder Seite 2–3 Min. braten, salzen.

2. Griechisch

2 unbehandelte Zitronen heiß waschen, abtrocknen und in dünne Scheiben schneiden. 4 EL Olivenöl mit 1 TL getrocknetem Oregano verrühren, 1 geschälte Knoblauchzehe dazupressen. 4 Schnitzel (Lamm oder Schwein) pfeffern und auf beiden Seiten mit dem Kräuteröl bestreichen. Die Schnitzel und die Zitronenscheiben in eine Tupperdose schichten und ca. 12 Std. kalt stellen. Eine Grillpfanne erhitzen und die Stege einölen. Die Zitronenscheiben entfernen. Die Schnitzel mit Küchenpapier abtupfen und von jeder Seite 3–4 Min. braten. Vor dem Servieren salzen.

3. Spanisch

4 Knoblauchzehen schälen und fein hacken. 125 ml Sherry in einem kleinen Topf aufkochen lassen. 1–2 EL Honig und den Knoblauch hinzufügen und 1 Min. leise kochen lassen, dann etwas abkühlen lassen. 4 Schnitzel (Hähnchen, Kalb oder Pute) mit reichlich Cayennepfeffer würzen und in eine Tupperdose legen. Marinade darüber gießen und 12 Std. kalt stellen. Die Schnitzel mit Küchenpapier abtupfen. 2 EL Öl in einer Pfanne erhitzen. Die Schnitzel darin von jeder Seite 2–3 Min. braten, salzen. Die Marinade durch ein Sieb dazugießen und bei mittlerer Hitze 3 Min. einkochen lassen.

4. Orientalisch

1 kleine Zwiebel und 2 Knoblauchzehen schälen und grob zerkleinern. Zwiebel und Knoblauch mit 2 EL Zitronensaft, 3 EL Öl, 1 TL gemahlenem Kreuzkümmel und 1 TL gemahlener Kurkuma in den Mixer geben oder mit dem Pürierstab fein pürieren. Mit frisch gemahlenem Pfeffer abschmecken. 4 Schnitzel (Lamm, Schwein oder Pute) darin wenden und zugedeckt bei Zimmertemperatur 1 Std. ziehen lassen. Eine Grillpfanne auf mittlerer Stufe erhitzen, die Stege einölen. Die Schnitzel abtupfen und von jeder Seite 3–4 Min. braten. Vor dem Servieren salzen.

5. Thailändisch

2 Schalotten, 1 walnussgroßes Stück frischen Ingwer und 1 Knoblauchzehe schälen und hacken. Von 1 Stängel Zitronengras die äußeren Blätter entfernen, das untere Drittel klein schneiden. 1–2 kleine grüne Thai-Chilischoten (alle Zutaten aus dem Asienladen) waschen, putzen. Alles mit 1/2 TL Zucker und 1 EL Öl in den Mörser oder in den Mixer geben und zu einer feinen Paste zerstampfen bzw. mixen. 4 Schnitzel (Pute oder Schwein) in der Marinade wenden und 30 Min. ziehen lassen. Die Schnitzel abtupfen, von jeder Seite 3–4 Min. braten, salzen und servieren.

6. Brasilianisch

1 rote Chilischote waschen und putzen, 1 Knoblauchzehe schälen. Chili und Knoblauch sehr fein hacken und mit 4 EL Limettensaft, 1 TL braunem Zucker (ersatzweise Honig) und 3 EL Öl verrühren. 4 Schnitzel (Pute oder Schwein) in der Marinade wenden, zugedeckt 1 Std. ziehen lassen. Eine Grillpfanne erhitzen, die Stege einölen. Die Schnitzel abtupfen, von jeder Seite 3–4 Min. braten. Generell gilt: Niemals Salz in die Marinaden geben. Es entzieht dem Fleisch Saft und macht es beim Braten zäh – daher erst kurz vor dem Servieren salzen!

1
2
3
4
5
6

1. Paprikarahm

Ungarisch inspiriert: 4 Schnitzel (Schwein oder Pute) salzen und pfeffern. 2 EL Öl in einer Pfanne erhitzen. Schnitzel darin bei mittlerer Hitze von jeder Seite 2–3 Min. braten, herausnehmen. 200 g stückige Tomaten (aus der Dose), 1 EL edelsüßes und 1 geh. TL rosenscharfes Paprikapulver in der Pfanne anbraten. 100 ml Wasser und je 1 Prise Salz und Zucker dazugeben, 2 Min. leise kochen lassen. 4 EL saure Sahne mit 1 geh. TL Mehl und 4 EL Wasser glatt rühren, hinzufügen und 2 Min. einkochen lassen. Die Schnitzel in der Pfanne zugedeckt bei schwacher Hitze noch 3 Min. ziehen lassen.

2. Senfsauce

Würzig und sahnig: 4 Schnitzel (Kalb oder Pute) salzen und pfeffern. 2 EL Butterschmalz in einer Pfanne erhitzen. Die Schnitzel darin bei mittlerer Hitze von jeder Seite 3–4 Min. braten. Herausnehmen und zugedeckt warm halten. Für die Sauce 100 ml Gemüsebrühe (Instant), 200 g Sahne und 2 EL mittelscharfen Senf in die Pfanne geben und unter Rühren 5 Min. leise kochen lassen. 2 EL hellen Saucenbinder unterrühren und 2 Min. einkochen lassen. Mit 1 EL Zitronensaft und 1 Prise Zucker würzen. Nach Belieben 2 EL gehackten Dill oder frische Estragonblätter dazugeben.

3. Balsamicosauce

Italienisch würzig: 40 g Butter würfeln und ins Tiefkühlfach stellen. 4 Schnitzel (Kalb oder Pute) salzen, pfeffern, in wenig Mehl wenden. Schnitzel in 2 EL Öl in einer Pfanne von jeder Seite 2–3 Min. braten. Herausnehmen, Bratensatz mit 125 ml Kalbsfond (aus dem Glas) loskochen. 6 EL Aceto balsamico und 1 TL Honig hinzufügen, 2 Min. leise kochen lassen. Pfanne vom Herd nehmen, Butter mit dem Schneebesen einrühren. Salzen und pfeffern. Schnitzel zurück in die Pfanne geben (nicht wieder auf den Herd stellen!) und zugedeckt 3 Min. ziehen lassen.

4. Tomatensauce

Mediterraner Klassiker: 1 Zwiebel und 1 Knoblauchzehe schälen und fein hacken. 4 Schnitzel (Schwein oder Lamm) salzen und pfeffern. 2 EL Öl in einer Pfanne erhitzen. Die Schnitzel darin bei mittlerer Hitze von jeder Seite 3–4 Min. braten. Herausnehmen und warm halten. Zwiebel und Knoblauch in der Pfanne anbraten. 400 g stückige Tomaten hinzufügen, 5 Min. leise kochen lassen, salzen und pfeffern. 50 g schwarze Oliven und 1 EL Kapern unterrühren, 5 Min. ziehen lassen. Vor dem Servieren grob zerzupfte Blätter von 1 Bund Basilikum untermischen.

5. Pilzsauce

Herzhaft: 400 g Champignons putzen, trocken abreiben, in Scheiben schneiden. 50 g Räucherspeck ohne Schwarte sehr fein würfeln. 2 Knoblauchzehen und 1 Zwiebel schälen und hacken. 4 Schnitzel (Kalb oder Pute) salzen, pfeffern und in 2 EL Öl in einer Pfanne von jeder Seite 3–4 Min. braten. Herausnehmen und warm halten. Speck, Zwiebel und Knoblauch in der Pfanne 2 Min. anbraten. Pilze und 1/2 TL getrockneten Thymian 5 Min. mitbraten. 125 g Kräuter-Crème-fraîche unterrühren, 2 Min. leise kochen lassen. Mit Zitronensaft, Salz und Pfeffer abschmecken.

6. Kräutercreme

Frisch und vitaminreich: 2 Frühlingszwiebeln und je 1 Bund Petersilie und Rucola putzen, waschen, fein hacken. 4 Schnitzel (Kalb oder Pute) salzen, pfeffern, in wenig Mehl wenden. 2 EL Öl in einer Pfanne erhitzen. Schnitzel darin bei mittlerer Hitze von jeder Seite 3–4 Min. braten. Herausnehmen, warm halten. Bratensatz mit 100 ml trockenem Weißwein (ersatzweise Gemüsebrühe + 2 EL Zitronensaft) loskochen, 150 g Crème fraîche und 1 Prise Salz unterrühren und 3 Min. einkochen lassen. Frühlingszwiebeln und Kräuter dazugeben, 2 Min. ziehen lassen.

1
2
3
4
5
6

Aus der Pfanne

Schnitzel braten ist nicht schwer...

... aber ein paar Sachen sollten Sie beachten. Welche Fleischsorten und welche Stücke sich am besten für Schnitzel eignen, haben Sie bereits auf Seite 4 erfahren. Hier lesen Sie, wie Sie Ihre Schnitzel am besten vorbereiten, welche Bratfette die richtigen sind und welche Temperatur Sie sicher zum Ziel führt. Und auch für die perfekt gebundene Sauce gibt es Tipps fürs gute Gelingen.

Schnitzel flach klopfen

Damit Schnitzel gleichmäßig garen, sollte das Fleisch überall gleich dick bzw. dünn sein. Das ist vor allem bei Schnitzeln mit empfindlicher Panade wichtig, die nur kurz gebraten werden können. Klopfen Sie die Schnitzel mit der flachen Seite des Fleischklopfers gleichmäßig dünn. Besonders schonend geht's zwischen zwei Lagen Frischhaltefolie (siehe Seite 39, Step 1).

Fett zum Braten

Bratfett muss hoch erhitzbar sein, es darf nicht verbrennen. Ideal ist deshalb neutrales, raffiniertes **Pflanzenöl.** Eine gute Wahl, weil reich an hochwertigen ungesättigten Fettsäuren, sind Rapsöl, Sojaöl und Erdnussöl. Nicht geeignet sind kalt gepresstes Olivenöl, Keimöle und Nussöle, denn sie vertragen ebenso wenig hohe Temperaturen wie Butter. Für buttriges Aroma verwenden Sie zum Braten besser **Butterschmalz.**

Die Temperatur macht's

Ob ein Schnitzel zart oder zäh wird, hängt vor allem von der Fleischqualität ab (siehe Seite 4). Mindestens ebenso wichtig aber ist, die Schnitzel schonend zu braten: Erwärmen Sie die Pfanne auf mittlere Hitze und geben Sie das Öl oder Fett hinein. Um zu testen, ob das Fett heiß genug ist, halten Sie eine Ecke des Schnitzels hinein. Wenn es sofort sanft zu brutzeln anfängt, können Sie es einlegen. Die Poren schließen sich, der Saft bleibt im Fleisch. Bei zu geringer Hitze verliert das Fleisch an Saft, bei zu viel Hitze wird es leicht zäh. Ausnahme: Marinierte Schnitzel können Sie in der sehr heißen Grillpfanne braten, um den typischen Grillgeschmack zu erreichen.

Saucen binden

Aus dem Bratensatz der Schnitzel und etwas Wein und/oder Brühe lässt sich schnell ein leckeres Sößchen zaubern. Um es schön sämig zu bekommen, gibt es verschiedene Methoden. Sie können z. B. **Sahne** oder **Crème fraîche** unterrühren und einige Min. bei starker Hitze einkochen lassen – sehr lecker, aber auch ganz schön kalorienreich. Fettärmer geht es mit Stärke: Schon unsere Großmütter haben 1 geh. TL **Mehl oder Speisestärke** mit 2 EL kaltem Wasser verrührt, unter die Sauce gemischt, ein wenig leise kochen lassen, und schon wurde die Sauce schön sämig. Nur entstanden dabei manchmal unschöne Klümpchen, deshalb wurde als moderner Ersatz der **Saucenbinder** in Pulverform erfunden: Einfach in die Sauce rühren und 2–3 Min. einkochen lassen, fertig. Sowohl Mehl als auch Saucenbinder absorbieren etwas Würze, deshalb die Sauce anschließend unbedingt noch einmal abschmecken!

Wahre Gourmets schmecken die Speisestärke jedoch heraus. Daher »montieren« Sie besonders edle Saucen besser nach der klassischen französischen Methode mit **eiskalter Butter:** Die Butter würfeln und ins Tiefkühlfach stellen. Zum Binden der Sauce die Pfanne vom Herd nehmen, die Butterwürfel mit einem Schneebesen schnell unterziehen und die Sauce sofort servieren. Sie darf unter keinen Umständen wieder erhitzt werden, weil sie sonst gerinnt. Ein guter Kompromiss, der immer gelingt, ist **Mehlbutter:** Bei 1/4 l Flüssigkeit 10 g Butter mit 1 gestrichenen EL Mehl verkneten. In Flöckchen mit dem Schneebesen unter die leise kochende Sauce rühren, bis diese sämig wird.

indisch inspiriert **Curryschnitzel mit Knusperzwiebeln**

(im Bild vorne)

Für 4 Personen:
2 große Gemüsezwiebeln (ca. 400 g)
200 ml Milch
120 g Kichererbsenmehl
(Asienladen; ersatzweise normales Mehl)
4 Hähnchenbrustfilets (à 140 g) / Salz
Currypulver / 20 g Butterschmalz
100 ml Gemüsebrühe (Instant)
100 g Sahne
Außerdem:
neutrales Pflanzenöl zum Frittieren

Zubereitungszeit: ca. 40 Min.
Pro Portion: ca. 500 kcal

1 Die Zwiebeln schälen, in ca. 3 mm dicke Ringe schneiden, in eine flache Form geben und mit der Milch übergießen. Das Kichererbsenmehl auf einem Teller bereitstellen.

2 In der Fritteuse oder in einem Topf reichlich Öl zum Frittieren der Zwiebelringe erhitzen.

3 Das Fleisch kalt abspülen und trockentupfen, dann längs einschneiden und auseinander klappen, so dass flache Schnitzel entstehen. Mit Salz und reichlich Currypulver würzen.

4 Butterschmalz in einer Pfanne erhitzen. Die Hähnchenschnitzel darin bei mittlerer Hitze von jeder Seite 3 Min. braten. Brühe und Sahne angießen und die Schnitzel darin bei schwacher Hitze schmoren, bis die Zwiebeln fertig sind.

5 Inzwischen die Zwiebeln durch ein Sieb abgießen, abtropfen lassen und im Mehl wenden. Die Zwiebeln portionsweise in dem heißen Öl (es ist heiß genug, wenn an einem Holzlöffelstiel, den man hineinhält, Bläschen aufsteigen) in 3–4 Min. unter Wenden goldbraun frittieren. Mit einem Schaumlöffel herausnehmen, auf Küchenpapier abtropfen lassen und salzen.

6 Die Sauce mit Salz und Currypulver würzen und mit den Schnitzeln anrichten, die Zwiebeln darüber verteilen. Lecker dazu: der indische Tomaten-Gurken-Salat (Seite 109) und Bier.

rasant pikant **Paprikaschnitzel**

(im Bild hinten)

Für 4 Personen:
je 1 rote, grüne und gelbe Paprikaschote
2 kleine Zwiebeln / 2 Knoblauchzehen
4 EL neutrales Pflanzenöl
1 TL getrockneter Thymian
1–2 getrocknete Chilischoten / Salz
4 Schweineschnitzel (à 120 g) / Cayennepfeffer

Zubereitungszeit: ca. 30 Min.
Pro Portion: ca. 245 kcal

1 Die Paprikaschoten halbieren, putzen, waschen und in Rauten oder mundgerechte Stücke schneiden. Die Zwiebeln schälen, längs halbieren und in schmale Spalten schneiden. Den Knoblauch schälen und in Scheiben schneiden.

2 2 EL Öl in einer Pfanne erhitzen. Zwiebeln und Knoblauch darin 1 Min. anbraten. Paprika und Thymian dazugeben und die Chilischoten dazubröseln. Das Gemüse 5–8 Min. (je nachdem, wie Sie es mögen) unter gelegentlichem Rühren braten. Mit Salz abschmecken.

3 Inzwischen die Schnitzel mit Salz und Cayennepfeffer würzen. Das restliche Öl in einer zweiten Pfanne erhitzen. Die Schnitzel darin bei mittlerer Hitze von jeder Seite ca. 3 Min. braten.

4 Schnitzel und Paprikagemüse auf Teller verteilen. Dazu passen Kräuterkartoffeln aus dem Backofen (Seite 115) und ein leichter Rotwein.

GÜDE
X314/12
mono

ganz einfach Jägerschnitzel

(im Bild hinten)

Für 4 Personen:
10 getrocknete Steinpilze
3 Schalotten (ersatzweise 1 Zwiebel)
400 g Egerlinge
4 Kalbsschnitzel (à 120 g)
Salz / Pfeffer
1 EL Mehl / 20 g Butterschmalz
100 ml Weißwein (ersatzweise Gemüsebrühe)
150 g Crème fraîche

Zubereitungszeit: ca. 45 Min.
Pro Portion: ca. 360 kcal

1 Die Steinpilze in lauwarmem Wasser einweichen. Die Schalotten schälen und sehr fein hacken. Die Egerlinge putzen, mit Küchenpapier trocken abreiben, in Scheiben schneiden.

2 Die Schnitzel salzen, pfeffern und leicht bemehlen. Das Butterschmalz in einer Schmorpfanne erhitzen. Die Schnitzel darin bei mittlerer Hitze von jeder Seite 2 Min. braten. Herausnehmen und zugedeckt warm halten.

3 Die Egerlinge in die Pfanne geben und bei starker Hitze 3 Min. unter Rühren anbraten. Die eingeweichten Pilze abgießen, ausdrücken und fein hacken. Mit den Schalotten in die Pfanne geben und 1 Min. mitbraten. Mit dem Wein ablöschen. Crème fraîche unterrühren und alles zugedeckt bei schwacher Hitze 5 Min. schmoren.

4 Die Schnitzel wieder in die Pfanne geben und zugedeckt noch 3 Min. in der Sauce ziehen lassen. Mit der Pilzsauce auf vorgewärmte Teller geben. Dazu besonders fein: Spätzle oder Bandnudeln und ein trockener Weißwein.

Luxusvariante

Für eine Edelversion der Jägerschnitzel verwenden Sie statt der Egerlinge **frische Steinpilze.**

thailändisch inspiriert Zitronenschnitzel

(im Bild vorne)

Für 4 Personen:
1 Stängel Zitronengras (Asienladen)
1 kleine grüne Chilischote (Asienladen)
1 Knoblauchzehe / 1 unbehandelte Zitrone
Salz / Zucker / weißer Pfeffer
200 ml ungesüßte Kokosmilch (aus der Dose)
4 Putenschnitzel (à 140 g)
2 EL neutrales Pflanzenöl
6 Kaffirlimettenblätter (Asienladen)

Zubereitungszeit: ca. 30 Min.
Marinierzeit: 30 Min.
Pro Portion: ca. 300 kcal

1 Vom Zitronengras äußere harte Blätter entfernen, das untere weiche Drittel fein hacken (Rest anderweitig verwenden). Chilischote waschen, putzen. Knoblauch schälen und hacken. Zitrone heiß waschen, abtrocknen, die Schale fein abreiben. Den Saft auspressen und beiseite stellen.

2 Zitronengras, Chilischote, Knoblauch, Zitronenschale und je 1/2 TL Salz, Zucker und weißen Pfeffer in einen Mörser geben und zu einer feinen Paste zerstoßen. 2 EL Kokosmilch unterrühren. Das Putenfleisch kalt abspülen, trockentupfen, mit der Paste bestreichen und zugedeckt 30 Min. ziehen lassen.

3 Das Öl in einer Pfanne erhitzen. Die Schnitzel darin bei mittlerer Hitze von jeder Seite 2 Min. braten. Die restliche Kokosmilch und 2 EL Wasser dazugeben, alles bei schwacher Hitze 5 Min. leise kochen lassen.

4 Limettenblätter waschen, in sehr feine Streifen schneiden und mit dem Zitronensaft unter die Kokossauce rühren. Mit Salz und Zucker abschmecken. Ideale Begleiter: Basmatireis und ein fruchtiger Weißwein oder Bier.

Deftiges gästefein **Schweineschnitzel mit Wirsingspätzle**

Für 4 Personen:
Für die Spätzle:
250 g Mehl / 125 ml Milch / 2 Eier / Salz
Muskatnuss, frisch gerieben
200 g Wirsingblätter (geputzt gewogen)
1 kleine Zwiebel
100 g durchwachsener Räucherspeck (ohne Schwarte)
20 g Butter / 100 g Sahne / Pfeffer
Für die Schnitzel:
1 Bund Suppengrün (Möhre, Sellerie, Petersilienwurzel und Lauch)
2 Schalotten / 1 Knoblauchzehe
4 Schweineschnitzel (à 140 g)
3 EL neutrales Pflanzenöl
1 TL Kümmel / 1/4 l Nährbier
2 EL dunkler Saucenbinder
Außerdem:
1 Spätzlehobel

Zubereitungszeit: ca. 1 Std.
Pro Portion: ca. 835 kcal

1 Für die Spätzle Mehl, Milch und Eier zu einem glatten Teig verrühren. Mit je 1 Prise Salz und Muskat würzen. Den Teig zugedeckt 10 Min. ruhen lassen.

2 Inzwischen den Wirsing waschen, putzen, die dicken Rippen herausschneiden. Reichlich Wasser zum Kochen bringen, salzen. Wirsingblätter darin ca. 2 Min. blanchieren. Abgießen, eiskalt abschrecken (siehe Tipp) und abtropfen lassen. Wirsing in feine Streifen schneiden. Die Zwiebel schälen und fein hacken. Den Speck würfeln.

3 Reichlich Wasser zum Kochen bringen, salzen. Den Spätzlehobel kalt abspülen, den Spätzleteig portionsweise hineinfüllen und ins kochende Wasser drücken, umrühren. Wenn die Spätzle oben schwimmen, diese mit einem Schaumlöffel herausheben und zugedeckt warm halten.

4 Das Suppengrün putzen, waschen und sehr klein würfeln. Die Schalotten und den Knoblauch schälen und fein hacken. Die Schnitzel salzen und pfeffern. Das Öl in einer Pfanne erhitzen. Die Schnitzel darin bei mittlerer Hitze von jeder Seite 4 Min. braten. Herausnehmen und zugedeckt warm halten. Pfanne nicht auswaschen. Suppengrün, Schalotten und Knoblauch in die Pfanne geben und 2 Min. unter Rühren anbraten, Kümmel dazugeben. Das Bier angießen und bei mittlerer Hitze 5 Min. leise kochen lassen.

5 Saucenbinder einrühren, alles 1 Min. sprudelnd kochen lassen. Die Schnitzel (mit dem entstandenen Bratensaft) wieder in die Pfanne geben und zugedeckt bei schwacher Hitze schmoren, bis die Wirsingspätzle fertig sind.

6 Die Butter in einem Topf erhitzen. Speck und Zwiebel darin 1 Min. anbraten. Den Wirsing dazugeben und bei mittlerer Hitze 2 Min. mitbraten. Die Sahne angießen und 2 Min. leise kochen lassen. Die Spätzle dazugeben, alles gut durchmischen. Mit Salz, Pfeffer und Muskat abschmecken. Mit den Schnitzeln und der Sauce auf vorgewärmten Tellern anrichten. Dazu passt Bier.

Tauschbörse

Eine orientalische Note bekommt die Sauce, wenn Sie das Bier durch **Rotwein** ersetzen und statt des Kümmels 1 kleine **Zimtstange** und 2–3 **Gewürznelken** mitschmoren.

Besonders clever!

*Geben Sie den **Wirsing** nach dem Blanchieren direkt **in Eiswasser,** dann behält er perfekt seine Farbe. Sie können die Wirsing-Speck-Mischung auch unter **Kartoffelpüree** (Seite 111) ziehen. Wenn Sie die **Sauce pürieren,** erübrigt sich der Saucenbinder.*

entführt nach Italien **Saltimbocca mit Marsalasauce**

(im Bild hinten)

Für 4 Personen:
50 g Butter | 8 dünne Kalbsschnitzel (à 70 g)
Salz | Pfeffer | 8 frische Salbeiblätter
4 Scheiben Parmaschinken
2 EL neutrales Pflanzenöl | 125 ml Marsala
Außerdem:
8 Holzspießchen

Zubereitungszeit: ca. 25 Min.
Pro Portion: ca. 385 kcal

1 Die Butter klein würfeln und ins Tiefkühlfach stellen. Die Schnitzel mit wenig Salz und etwas Pfeffer würzen. Die Salbeiblätter waschen und trockentupfen. Die Schinkenscheiben halbieren. Auf jedes Schnitzel 1/2 Scheibe Schinken und 1 Salbeiblatt legen. Jeweils mit einem Spießchen feststecken.

2 Das Öl in einer Pfanne erhitzen. Die Schnitzel darin bei mittlerer Hitze von jeder Seite 2 Min. braten. Herausnehmen und warm halten.

3 Den Marsala angießen und bei starker Hitze 2 Min. einkochen lassen. Die Pfanne vom Herd nehmen, die Butterwürfelchen mit einem Schneebesen unterziehen, die Schnitzel wieder in die Pfanne geben und zugedeckt 2 Min. ziehen lassen (nicht wieder auf den Herd stellen!). Je 2 Schnitzel auf einem vorgewärmten Teller anrichten. Mit Blattspinat, Safranreis (Seite 105) und Rotwein ein Fest!

Gerollte Variante

Für **Saltimbocca-Röllchen** dünne Kalbs- oder Putenschnitzel salzen, pfeffern, mit Schinken und Salbei belegen. Aufrollen und mit Spießchen feststecken. Rundum anbraten und Weißwein oder Brühe angießen. Zugedeckt 12–15 Min. schmoren. Schmecken auch kalt sehr lecker!

Gästeluxus **Rehschnitzel mit Portweinschalotten**

(im Bild vorne)

Für 4 Personen:
20 g Butter | 1 gestr. EL Mehl | 300 g Schalotten
1 EL Zucker | Salz | 125 ml Portwein
4 Rehschnitzel (à 120 g) | Pfeffer
2 EL neutrales Pflanzenöl
200 ml Wildfond (aus dem Glas)

Zubereitungszeit: ca. 40 Min.
Pro Portion: ca. 340 kcal

1 Die Hälfte der Butter mit dem Mehl verkneten und kalt stellen. Schalotten schälen und halbieren. Die restliche Butter in einer Pfanne erhitzen. Zucker, Schalotten und 1 Prise Salz dazugeben und bei mittlerer Hitze 5 Min. karamellisieren. Portwein angießen (Vorsicht, kann spritzen!) und 15 Min. leise kochen lassen. Beiseite stellen.

2 Die Schnitzel salzen und pfeffern. Das Öl in einer zweiten Pfanne erhitzen. Schnitzel darin bei mittlerer Hitze von jeder Seite 2–3 Min. braten. Herausnehmen und warm halten. Den Fond in die Pfanne geben, den Bratensatz damit loskochen. Die Flüssigkeit von den Portweinschalotten dazugießen, 3 Min. leise kochen lassen.

3 Die Mehlbutter in Flöckchen unterrühren und in ca. 2 Min. sämig einkochen lassen. Schnitzel und Schalotten zugedeckt bei schwacher Hitze noch 3 Min. in der Sauce ziehen lassen. Mit Salz und Pfeffer abschmecken. Dazu passen Polenta-Rauten (Seite 119) und Rotwein.

Fruchtige Variante

200 g kernlose **blaue Trauben** waschen und halbieren. Die Schnitzel braten, herausnehmen. Je 125 ml Kalbsfond und Portwein in die Pfanne geben, 3 Min. leise kochen lassen. Mit Mehlbutter binden, salzen und pfeffern. Trauben dazugeben und 2 Min. in der Sauce erwärmen.

Import aus der Normandie **Calvados-schnitzel mit Apfelsauce**

(im Bild hinten)

Für 4 Personen:
2 säuerliche Äpfel (z. B. Boskop)
4 Schweineschnitzel (à 120 g)
Salz | 40 g Butterschmalz
1 TL Zucker
100 ml Calvados
200 g Sahne | Pfeffer

Zubereitungszeit: ca. 35 Min.
Pro Portion: ca. 465 kcal

1 Die Äpfel nach Belieben waschen oder schälen und vierteln, dabei das Kerngehäuse entfernen. Äpfel in Längsspalten schneiden. Die Schnitzel salzen.

2 Die Hälfte des Butterschmalzes in einer Pfanne erhitzen. Die Äpfel mit dem Zucker darin bei mittlerer Hitze 1 Min. unter Schwenken anbraten. Herausnehmen, die Pfanne nicht auswaschen.

3 Das restliche Butterschmalz in der Pfanne erhitzen. Die Schnitzel darin bei mittlerer Hitze von jeder Seite 3 Min. braten. Herausnehmen und zugedeckt warm halten.

4 Den Calvados und die Sahne in die Pfanne geben und bei starker Hitze 3 Min. einkochen lassen. Mit Salz und Pfeffer abschmecken. Schnitzel und Apfelspalten in die Sauce geben und zugedeckt bei schwacher Hitze noch 5 Min. ziehen lassen. Auf vorgewärmten Tellern anrichten. Bandnudeln und ein fruchtiger Weißwein machen das Ganze perfekt.

Tauschbörse

Wenn Kinder mitessen – und sie werden die sahnige Apfelsauce lieben – nehmen Sie statt Calvados einfach **Apfelsaft.**

Klassiker auf neue Art **Rotwein-hähnchen**

(im Bild vorne)

Für 4 Personen:
100 g Perlzwiebeln
100 g durchwachsener Räucherspeck
4 Hähnchenbrustfilets (à 140 g) | Salz | Pfeffer
3 Zweige Thymian | 2 EL neutrales Pflanzenöl
375 ml kräftiger Rotwein (z. B. Burgunder)
1 Lorbeerblatt | 250 g kleine Champignons
20 g Butter | 1 gestrichener EL Mehl

Zubereitungszeit: ca. 50 Min.
Pro Portion: ca. 470 kcal

1 Die Zwiebeln schälen. Speck in feine Streifen schneiden. Das Fleisch kalt abspülen, trockentupfen, salzen und pfeffern. Thymian waschen, trockenschütteln. Das Öl in einer Schmorpfanne erhitzen. Zwiebeln und Speck darin bei mittlerer Hitze 5 Min. braten. Herausnehmen. Das Hähnchenfleisch in dem Bratfett von jeder Seite 2 Min. anbraten. Ebenfalls herausnehmen.

2 Den Wein mit dem Thymian und dem Lorbeer in die Pfanne geben und bei starker Hitze 5 Min. einkochen lassen. Zwiebeln, Speck und Hähnchen dazugeben. Zugedeckt bei mittlerer Hitze 15 Min. schmoren, gelegentlich wenden.

3 Inzwischen die Pilze putzen, trocken abreiben und vierteln. Die Hälfte der Butter in einer zweiten Pfanne erhitzen. Die Pilze darin bei starker Hitze 3 Min. braten, salzen und pfeffern. Die übrige Butter mit dem Mehl verkneten.

4 Das Hähnchenfleisch auf vorgewärmte Teller verteilen. Die Mehlbutter in Flöckchen in die Rotweinsauce rühren und 2 Min. sämig einkochen lassen. Die Pilze untermischen, die Sauce über das Fleisch verteilen. Dazu schmecken Bandnudeln und der Rotwein, den Sie auch zum Kochen verwendet haben.

1

2

3

edel Pfefferrahmschnitzel mit Kartoffelplätzchen

Für 4 Personen:
Für die Kartoffelplätzchen:
800 g mehlig kochende Kartoffeln
50 g Walnusskerne
Salz / Muskatnuss, frisch gerieben
3 Eigelbe / 2–3 EL Speisestärke
20 g Butterschmalz
Für die Schnitzel:
4 Kalbsschnitzel (à 150 g)
weißer Pfeffer
3 EL neutrales Pflanzenöl
200 ml Kalbsfond (aus dem Glas; ersatzweise Gemüsebrühe)
200 g Sahne
2 EL grüne Pfefferkörner (aus dem Glas)
2 EL Cognac (nach Belieben)
2 TL Mehl
Außerdem:
1 Kartoffelpresse

Zubereitungszeit: ca. 1 Std. 20 Min.
Pro Portion: ca. 735 kcal

1 Die Kartoffeln waschen und in einem Topf mit Wasser bedeckt in ca. 25 Min. weich kochen. Die Walnüsse grob hacken und bei schwacher Hitze in einer Pfanne ohne Fett unter Rühren rösten, bis sie duften. Abkühlen lassen.

2 Kartoffeln abgießen, ausdampfen lassen, pellen und durch die Kartoffelpresse auf die Arbeitsfläche drücken **(Step 1)**. Auskühlen lassen.

3 Kartoffeln mit Salz und 1 Prise Muskat würzen. Mit Walnüssen, Eigelben und so viel Speisestärke verkneten, dass ein formbarer Teig entsteht **(Step 2)**. Den Kartoffelteig zu einer Rolle von ca. 5 cm Ø formen, dann zugedeckt 15 Min. ruhen lassen.

4 Inzwischen die Schnitzel salzen und pfeffern. Das Öl in einer Pfanne erhitzen. Die Schnitzel darin bei mittlerer Hitze von jeder Seite 3 Min. braten. Herausnehmen und zugedeckt warm halten. Den Kalbsfond und die Sahne in die Pfanne geben und offen bei starker Hitze 2 Min. einkochen lassen. Die Pfefferkörner und nach Belieben den Cognac hinzufügen.

5 Das Mehl in einer Tasse mit 4 EL kaltem Wasser glatt rühren. Unter die Sauce mischen und bei starker Hitze 2 Min. einkochen lassen. Die Schnitzel (samt entstandenem Bratensaft) in die Sauce geben und zugedeckt bei schwacher Hitze ziehen lassen, bis die Kartoffelplätzchen fertig sind.

6 Die Kartoffelteigrolle in 12 Scheiben schneiden **(Step 3)**. Das Butterschmalz in einer zweiten Pfanne erhitzen. Die Kartoffelplätzchen darin von jeder Seite in 2–3 Min. goldbraun braten. Schnitzel und Kartoffelplätzchen mit der Sauce auf vorgewärmten Tellern anrichten. Fein dazu: Brokkoligemüse und ein kräftiger Rotwein.

Tauschbörse
Ebenfalls gästefein: Nehmen Sie statt Kalbsschnitzel **Rehschnitzel** und **Wildfond** (aus dem Glas) anstelle des Kalbsfonds.

Schnitzel-Variante
Die Kartoffelplätzchen passen auch hervorragend zu **Schnitzeln mit Pfifferlingrahmsauce:** Dazu 500 g Pfifferlinge putzen und mit Küchenpapier trocken abreiben. Die Schnitzel wie beschrieben braten und warm halten. Die Pilze in der Pfanne bei starker Hitze 3 Min. anbraten, salzen und pfeffern. 125 ml Weißwein (ersatzweise Brühe) und 200 g Sahne angießen, alles einmal aufkochen lassen und zugedeckt bei mittlerer Hitze 5 Min. schmoren. Die Schnitzel wieder in die Pfanne geben und noch 5 Min. in der Sauce ziehen lassen. Nach Belieben mit 2 EL frisch gehackten Petersilien- oder Estragonblättern bestreut servieren.

schlanker Genuss
Putenschnitzel mit Möhren-Rettich-Gemüse

Für 4 Personen:
4 Putenschnitzel (à 120 g)
2 EL geriebener Meerrettich (aus dem Glas; ersatzweise mittelscharfer Senf)
1 Bund Möhren (ersatzweise 400 g lose Möhren)
1 weißer Rettich (ca. 300 g)
4 EL neutrales Pflanzenöl
1 TL gekörnte Gemüsebrühe
Salz | Pfeffer
1 Bund Petersilie | Zucker

Zubereitungszeit: ca. 40 Min.
Pro Portion: ca. 260 kcal

1 Das Fleisch kalt abspülen, trockentupfen und beidseitig mit Meerrettich bestreichen, beiseite stellen. Die Möhren putzen, schälen und in dicke Scheiben schneiden. Den Rettich putzen, schälen und in ca. 1 cm große Würfel schneiden.

2 2 EL Öl in einem Topf erhitzen. Die Möhren und den Rettich darin bei mittlerer Hitze 2 Min. anbraten. Die gekörnte Brühe und 50 ml Wasser hinzufügen. Das Gemüse zugedeckt bei sehr schwacher Hitze in ca. 15 Min. bissfest garen.

3 Die Schnitzel mit Küchenpapier abtupfen, leicht salzen und pfeffern. Das restliche Öl in einer beschichteten Pfanne erhitzen. Die Schnitzel darin bei mittlerer Hitze von jeder Seite 3 Min. braten.

4 Die Petersilie waschen und trockenschütteln, die Blätter abzupfen und grob hacken. Das Möhren-Rettich-Gemüse mit Salz, Pfeffer und 1 Prise Zucker abschmecken, die Petersilie unterziehen. Die Putenschnitzel mit dem Gemüse servieren. Schmeckt super mit Kartoffelpüree (Seite 111) und Bier.

würziger Klassiker **Rehschnitzel mit Speckpfifferlingen**

Für 4 Personen:
500 g Pfifferlinge
100 g Frühstücksspeck (Bacon)
2 Schalotten | 1 Knoblauchzehe
4 Rehschnitzel (à 120 g)
Salz | Pfeffer
3 EL neutrales Pflanzenöl
2 Zweige frischer Thymian
1 Bund Petersilie
100 g Crème fraîche

Zubereitungszeit: ca. 40 Min.
Pro Portion: ca. 445 kcal

1 Die Pfifferlinge putzen und mit Küchenpapier trocken abreiben, je nach Größe halbieren oder ganz lassen. Den Speck in kleine Würfel schneiden. Die Schalotten und den Knoblauch schälen und fein hacken.

2 Die Rehschnitzel salzen und pfeffern. 2 EL Öl in einer Pfanne erhitzen. Die Schnitzel darin bei mittlerer Hitze von jeder Seite 2–3 Min. braten. Herausnehmen und zugedeckt warm halten, Pfanne nicht auswaschen.

3 Das restliche Öl in der Pfanne erhitzen. Speck, Schalotten und Knoblauch darin 2 Min. unter Rühren anbraten. Die Pilze hinzufügen, bei starker Hitze 5 Min. braten. Thymian und Petersilie waschen und trockenschütteln, die Blätter abzupfen und hacken. Kräuter und Crème fraîche unter die Pfifferlinge rühren. Mit Salz und Pfeffer abschmecken.

4 Die Schnitzel wieder in die Pfanne geben und zugedeckt noch 5 Min. mit den Pilzen ziehen lassen. Dazu schmecken das Kartoffel-Apfel-Gratin (Seite 113) und ein kräftiger Rotwein.

scharf-fruchtig Lammschnitzel mit Couscous und Aprikosen

Für 4 Personen:
2 EL Sesamöl
1/2 TL Cayennepfeffer
1/2 TL gemahlener Kreuzkümmel
1 Knoblauchzehe
8 Lammschnitzel (à 70 g)
150 g getrocknete Aprikosen
2 EL neutrales Pflanzenöl / Salz
400 ml Gemüsebrühe (Instant)
1 kleine Dose Kichererbsen (240 g Abtropfgewicht)
200 g Instant-Couscous (mittelfein)
1 Bund Frühlingszwiebeln
1 Bund Koriandergrün

Zubereitungszeit: ca. 45 Min.
Marinierzeit: 1 Std.
Pro Portion: ca. 610 kcal

1 Das Sesamöl mit dem Cayennepfeffer und dem Kreuzkümmel verrühren. Den Knoblauch schälen und dazupressen. Die Lammschnitzel mit der Würzmischung bestreichen und zugedeckt bei Zimmertemperatur 1 Std. ziehen lassen.

2 Die Aprikosen in einer Schüssel mit warmem Wasser bedeckt 1 Std. einweichen, abgießen und in Spalten schneiden.

3 Das Öl in einer Schmorpfanne erhitzen. Die Schnitzel darin bei mittlerer Hitze von jeder Seite 2 Min. braten und salzen. Herausnehmen und zugedeckt warm halten.

4 Die Aprikosen in die Pfanne geben, die Brühe angießen. Die Kichererbsen in ein Sieb abgießen und gründlich mit kaltem Wasser abbrausen. Die Kichererbsen in die Brühe geben und alles einmal aufkochen lassen. Den Couscous einrühren und zugedeckt bei schwacher Hitze 3 Min. quellen lassen.

5 Die Frühlingszwiebeln waschen, putzen und mit dem zarten Grün schräg in ca. 2 cm lange Stücke schneiden. Die Frühlingszwiebeln unter den Couscous rühren, die Lammschnitzel einlegen. Zugedeckt bei schwacher Hitze weitere 5 Min. ziehen lassen.

6 Das Koriandergrün waschen und trockenschütteln, die Blätter abzupfen und grob hacken. Die Schnitzel mit dem Couscous auf vorgewärmten Tellern anrichten. Das Koriandergrün darüber streuen. Dazu schmeckt ein fruchtiger Weißwein.

Tauschbörse

Statt der getrockneten Aprikosen schmecken auch **Orangenfilets** (von 3 Orangen) sehr fein, die Sie samt Saft mit den Frühlingszwiebeln untermischen. Und zur Aprikosenzeit können Sie natürlich auch 500 g **frische Aprikosen** verwenden: Mit kochend heißem Wasser überbrühen, häuten, entsteinen, in Spalten schneiden und ebenfalls mit den Frühlingszwiebeln untermischen. Auch lecker: Statt Koriandergrün 100 g **geröstete Mandelsplitter** über das fertige Gericht streuen.

Besonders clever!

*Wenn Sie eine größere Zahl von Gästen erwarten, können Sie die Lammschnitzel mit Aprikosen und Couscous genauso gut auch **im Backofen** zubereiten: Den Backofen auf 180° vorheizen. Die marinierten Schnitzel wie beschrieben braten. Die Gemüsebrühe in einem Bräter mit Deckel erhitzen, Aprikosen und Kichererbsen hinzufügen und den Couscous einrühren. Die Frühlingszwiebeln unterrühren und die Lammschnitzel einlegen. Zugedeckt im Backofen (unten, Umluft 160°) in 10–12 Min. fertig garen.*

1

2

3

schmeckt nach Toskana Zitronenhähnchen

(im Bild links)

Für 4 Personen:
4 Hähnchenbrustfilets (à 140 g)
Salz / Pfeffer
80 g Parmaschinken mit Fettrand
4 Zweige frischer Salbei
2 EL neutrales Pflanzenöl
150 ml Geflügelbrühe (Instant)
4 Scheiben Ciabatta (italienisches Weißbrot)
Saft von 1 Zitrone

Zubereitungszeit: ca. 20 Min.
Schmorzeit: ca. 20 Min.
Pro Portion: ca. 345 kcal

1 Das Hähnchenfleisch kalt abspülen, mit Küchenpapier trockentupfen, salzen und pfeffern. Den Parmaschinken in Streifen schneiden. Den Salbei waschen und trockenschütteln, die Blätter abzupfen.

2 Das Öl in einer Schmorpfanne erhitzen. Die Hähnchenbrustfilets darin bei mittlerer Hitze von beiden Seiten in ca. 5 Min. goldbraun anbraten. Schinken und Salbei dazugeben und die Brühe angießen. Einmal aufkochen lassen und zugedeckt bei sehr schwacher Hitze ca. 20 Min. schmoren.

3 Die Ciabattascheiben im Toaster oder im Backofen bei 250° (oben, Grill) von jeder Seite 2–3 Min. goldbraun rösten. Den Zitronensaft über die Hähnchenbrustfilets gießen. Die Sauce mit Salz und Pfeffer abschmecken.

4 Die Brotscheiben auf vorgewärmte Teller legen und mit der Zitronensauce beträufeln. Je 1 Hähnchenbrust und etwas Schinken und Salbei darauf verteilen. Mit Blattsalaten mit gerösteten Pinienkernen und einem fruchtigen Weißwein schmeckt's noch mehr nach Italien.

ganz einfach Kalbsschnitzel mit Fenchel und Orangen

(im Bild rechts)

Für 4 Personen:
2–3 junge Fenchelknollen (ca. 500 g)
2 EL Pinienkerne / Salz
40 g Butter / 2 Orangen
4 Kalbsschnitzel (à 120 g)
Orangenpfeffer (ersatzweise schwarzer Pfeffer)
2 EL neutrales Pflanzenöl

Zubereitungszeit: ca. 30 Min.
Pro Portion: ca. 350 kcal

1 Den Backofen auf 200° vorheizen. Ein Blech mit Backpapier auslegen. Den Fenchel waschen, putzen und auf dem Gurkenhobel längs (damit die schöne Struktur erhalten bleibt) in Scheiben hobeln **(Step 1)**. Auf dem Blech verteilen, die Pinienkerne darüber streuen, salzen. Die Butter in Flöckchen darüber verteilen. Im heißen Ofen 12–15 Min. (oben, Umluft 180°) backen.

2 Inzwischen die Orangen mit einem scharfen Messer schälen, dabei die weiße Haut vollständig entfernen. Die Fruchtfleischfilets zwischen den Trennhäutchen mit dem Messer herausschneiden, dabei den Saft auffangen **(Step 2)**. Die Schnitzel salzen und mit etwas Orangenpfeffer würzen.

3 Das Blech aus dem Ofen nehmen. Sofort den Orangensaft über den Fenchel träufeln und die Orangenfilets darauf verteilen **(Step 3)**. Die Flüssigkeit verdampft und die Orangenfilets werden leicht erwärmt. Das Blech zurück in den ausgeschalteten Ofen schieben.

4 Das Öl in einer Pfanne erhitzen. Die Schnitzel darin bei mittlerer Hitze von jeder Seite 3 Min. braten. Fenchel, Orangenfilets und Pinienkerne auf vorgewärmte Teller verteilen und die Kalbsschnitzel darauf anrichten.

Fastfood de Luxe Schnitzelbrötchen mit Feigensenf

(im Bild vorne)

Für 4 Personen:
4 große Baguettebrötchen
4 dünne Kalbsschnitzel (à 100 g)
Salz / Pfeffer
2 EL neutrales Pflanzenöl
1 Hand voll Feldsalat / 1/2 Salatgurke
3 EL Feigenmarmelade
1 EL Dijon-Senf
1 TL Zitronensaft

Zubereitungszeit: ca. 15 Min.
Pro Portion: ca. 365 kcal

1 Die Baguettebrötchen halbieren und im Backofen (Mitte) bei 70° erwärmen.

2 Die Schnitzel salzen und pfeffern. Das Öl in einer Pfanne erhitzen. Die Schnitzel darin bei mittlerer Hitze von jeder Seite 2 Min. braten.

3 Den Feldsalat waschen und auf Küchenpapier abtropfen lassen. Die Salatgurke schälen oder waschen und in dünne Scheiben schneiden. Die Feigenmarmelade in einem Schüsselchen mit Senf und Zitronensaft verrühren.

4 Alle Brötchenhälften dünn mit dem Feigensenf bestreichen. Jeweils etwas Feldsalat, 1 Schnitzel und einige Gurkenscheiben auf die unteren Hälften geben. Mit den oberen Hälften abdecken und mit einer Serviette umwickeln. Wunderbar zu Prosecco oder Weißwein.

Frisch-säuerliche Variante

Preiselbeermayonnaise und Nektarine geben den Schnitzelbrötchen einen fruchtigen Akzent: 1 EL Mayonnaise mit 3 EL Preiselbeeren (aus dem Glas) verrühren und die Brötchenhälften damit bestreichen. 1 Nektarine in feine Spalten schneiden und die Schnitzel damit belegen.

ratzfatz gemacht Schnitzel-Burger mit Tomate

(im Bild hinten)

Für 4 Personen:
4 Baguettebrötchen
4 dünne Putenschnitzel (à 100 g)
ca. 2 EL mittelscharfer Senf
2 EL neutrales Pflanzenöl
4 Salatblätter (z. B. Novita)
1 große Tomate
2 EL Ketchup

Zubereitungszeit: ca. 15 Min.
Pro Portion: ca. 300 kcal

1 Die Baguettebrötchen halbieren und im Backofen (Mitte) bei 70° erwärmen.

2 Das Fleisch kalt abspülen, mit Küchenpapier trockentupfen und auf beiden Seiten dünn mit Senf bestreichen. Das Öl in einer beschichteten Pfanne erhitzen. Die Schnitzel darin bei mittlerer Hitze von jeder Seite 2 Min. braten.

3 Inzwischen die Salatblätter waschen und trockenschütteln. Die Tomate waschen und in dünne Scheiben schneiden, dabei den Stielansatz entfernen.

4 Die unteren Brötchenhälften mit dem restlichen Senf, die oberen mit Ketchup bestreichen. Auf die unteren Hälften je 1 Salatblatt, 1 Schnitzel und 1–2 Tomatenscheiben legen. Mit den oberen Hälften abdecken und mit einer Serviette umwickeln. Dazu passt Cola oder Bier.

Variante mit Käse

Cheeseburger-Fans belegen die gebratenen Schnitzel in der Pfanne jeweils mit 1 Scheibe Gouda und lassen den Käse zugedeckt 1 Min. schmelzen.

X314/12

1

2

3

beliebter Klassiker Wiener Schnitzel mit Kartoffel-Gurken-Salat

Für 4 Personen:
Für den Salat:
800 g fest kochende Kartoffeln
1 TL Kümmel / 2 Salatgurken / Salz
125 ml Fleischbrühe (Instant)
1 kleine Zwiebel (nach Belieben)
4 EL Weißweinessig / 6 EL neutrales Pflanzenöl
1 EL Schnittlauchröllchen
Für die Schnitzel:
4 altbackene, trockene Brötchen (ersatzweise 6 EL Semmelbrösel)
4 EL Mehl / 2 Eier
1 EL Sahne (ersatzweise Milch)
4 dünne Kalbsschnitzel (à 140 g, aus der Oberschale)
weißer Pfeffer
Außerdem:
Butterschmalz zum Ausbacken

Zubereitungszeit: ca. 45 Min.
Garzeit: ca. 25 Min.
Pro Portion: ca. 785 kcal

1 Die Kartoffeln waschen und in einem Topf gut mit Wasser bedecken. Den Kümmel dazugeben und die Kartoffeln in ca. 25 Min. weich kochen.

2 Inzwischen die Gurken schälen und in dünne Scheiben hobeln. In einer Schüssel mit 1 TL Salz mischen und Wasser ziehen lassen.

3 Die Kartoffeln abgießen und ausdampfen lassen. Noch warm pellen, in Scheiben schneiden und in eine Schüssel geben.

4 Die Brühe erwärmen. Die Zwiebel schälen und sehr fein hacken. Brühe, Zwiebelwürfel, 3 EL Essig, 4 EL Öl und 1 kräftige Prise Salz mischen und über die Kartoffeln gießen.

5 Die Gurkenscheiben mit den Händen ausdrücken, in einer Schüssel mit dem restlichen Essig und Öl vermengen und unter den Kartoffelsalat mischen.

6 Für die Schnitzelpanade die Brötchen so weit es geht entrinden und im Blitzhacker zu feinen Bröseln verarbeiten. Die Brösel auf einen Teller geben. Das Mehl auf einen weiteren Teller geben. Die Eier in einem tiefen Teller mit der Sahne verquirlen.

7 Die Schnitzel zwischen zwei Lagen Frischhaltefolie legen und mit der glatten Seite des Fleischklopfers gleichmäßig flach klopfen **(Step 1)**. Mit Salz und Pfeffer würzen. Erst im Mehl wenden und den Überschuss abklopfen. Dann durch das Ei ziehen **(Step 2)** und etwas abtropfen lassen. Zum Schluss in den Bröseln wenden, die Panade leicht andrücken **(Step 3)**.

8 In zwei Pfannen jeweils ca. 1 cm hoch Butterschmalz erhitzen. Die Schnitzel darin bei mittlerer Hitze von jeder Seite in 2–3 Min. goldbraun braten. Herausheben und auf Küchenpapier entfetten.

9 Die Kartoffeln nehmen viel Würze auf, daher den Kartoffel-Gurken-Salat vor dem Servieren noch einmal abschmecken. Mit den Schnittlauchröllchen bestreuen und zu den Schnitzeln servieren. Dazu gehört ein kühles Bier.

Clever variieren

Für **Pfefferschnitzel** 2 EL bunte Pfefferkörner im Mörser grob zerstoßen und unter die Brösel mischen. Die damit panierten Schnitzel in Öl braten und mit einem frischen Salat, z. B. dem Endivien-Möhren-Salat (Seite 107), servieren.
Für **Kartoffel-Rucola-Salat** 2 Bund Rucola waschen und trockenschütteln, harte Stiele entfernen, die Blätter grob hacken. Mit 1 Prise Salz, 1 EL Essig und 2 EL Öl vermengen und statt der Gurke unter den Kartoffelsalat mischen.

schmeckt nach Italien

Parmesanschnitzel mit Spargel

Für 4 Personen:
1 kg weißer Spargel
20 g Butter / Salz
Zucker / 3 EL Mehl / 1 Ei
3 EL frisch geriebener Parmesan
3 EL Semmelbrösel
4 kleine Kalbsschnitzel (à 100 g)
Außerdem:
neutrales Pflanzenöl zum Ausbacken
ein paar Basilikumblätter zum Garnieren

Zubereitungszeit: ca. 40 Min.
Pro Portion: ca. 360 kcal

1 Den Spargel schälen, die trockenen Enden abschneiden. In einem flachen Topf ca. 5 cm hoch Wasser mit der Butter und je 1 TL Salz und Zucker zum Kochen bringen. Spargel darin bei schwacher Hitze in 20–25 Min. gar ziehen lassen.

2 Inzwischen das Mehl auf einen Teller geben. Das Ei mit 1 EL Wasser in einem tiefen Teller verquirlen. Auf einem dritten Teller Parmesan und Brösel mischen. Die Schnitzel gleichmäßig flach klopfen und salzen. Erst im Mehl wenden, dann durch das Ei ziehen und zum Schluss in der Parmesanmischung wenden.

3 In einer Pfanne ca. 1 cm hoch Öl erhitzen. Es ist heiß genug, wenn an einem Holzlöffelstiel, den man hineinhält, Bläschen aufsteigen. Die Schnitzel darin bei mittlerer Hitze von jeder Seite in ca. 3 Min. goldbraun braten, herausheben und auf Küchenpapier entfetten.

4 Den Spargel herausheben, abtropfen lassen und mit in Streifen geschnittenen Basilikumblättern bestreut zu den Schnitzeln servieren. Dazu passt ein fruchtiger Weißwein.

mit viel grüner Würze

Kräuterschnitzel mit Rucolasalat

Für 4 Personen:
1/2 Kopf Eisbergsalat | 2 Bund Rucola
3 EL Mehl | 2 Eier
2 EL gehackte Kräuter (z. B. Thymian, Salbei, Rosmarin)
5 EL Semmelbrösel
8 dünne Lammschnitzel (à 70 g)
Salz | Pfeffer
3 EL Weißweinessig | Zucker
1 TL mittelscharfer Senf
4 EL Olivenöl
Außerdem:
neutrales Pflanzenöl zum Ausbacken

Zubereitungszeit: ca. 30 Min.
Pro Portion: ca. 465 kcal

1 Eisbergsalat waschen, in mundgerechte Stücke zupfen, in einem Sieb abtropfen lassen. Die Rucola waschen, trockenschütteln und etwas zerzupfen, die groben Stiele entfernen.

2 Das Mehl auf einen Teller geben. Die Eier in einem tiefen Teller verquirlen. Auf einem dritten Teller Kräuter und Brösel mischen. Die Schnitzel flach klopfen (siehe Seite 38/39), salzen und pfeffern. Erst im Mehl wenden, dann durch das Ei ziehen und zum Schluss in der Kräuter-Brösel-Mischung wenden. Die Panade leicht andrücken.

3 In einer großen Pfanne ca. 1 cm hoch Öl erhitzen. Es ist heiß genug, wenn an einem Holzlöffelstiel, den man hineinhält, Bläschen aufsteigen. Die Schnitzel darin bei mittlerer Hitze von jeder Seite 3–4 Min. braten. Herausheben und auf Küchenpapier entfetten.

4 Inzwischen den Essig mit 1 gestrichenen TL Salz, Pfeffer nach Geschmack, 1 Prise Zucker und dem Senf in einer Salatschüssel verrühren, das Olivenöl unterschlagen. Eisbergsalat und Rucola untermischen, zu den Kräuterschnitzeln servieren. Dazu passt ein kräftiger Weißwein.

Italo-Klassiker Mailänder Schnitzel

(im Bild hinten)

Für 4 Personen:
1 Zwiebel
1 Zweig frischer Rosmarin
6 EL Olivenöl
1 Dose stückige Tomaten (400 g)
2 Eier | 6 EL Semmelbrösel
4 dünne Kalbsschnitzel (à 120 g)
Salz | Pfeffer
1 Bund Basilikum
20 g Butter

Zubereitungszeit: ca. 30 Min.
Pro Portion: ca. 405 kcal

1 Die Zwiebel schälen und fein hacken. Den Rosmarinzweig waschen, trockenschütteln. 2 EL Öl in einem Topf erhitzen, die Zwiebel darin 1 Min. anbraten. Die Tomaten mit dem Rosmarin dazugeben und zugedeckt bei schwacher Hitze 10 Min. leise kochen lassen, gelegentlich umrühren.

2 Inzwischen die Eier in einem tiefen Teller verquirlen. Die Semmelbrösel auf einen zweiten Teller geben. Die Schnitzel flach klopfen (siehe Seite 38/39), salzen und pfeffern, erst durch das Ei ziehen, dann in den Bröseln wenden. Die Panade leicht andrücken.

3 Das restliche Öl in einer großen Pfanne erhitzen. Die Schnitzel darin bei mittlerer Hitze von jeder Seite in ca. 3 Min. goldbraun braten. Herausnehmen und zugedeckt warm halten.

4 Das Basilikum waschen und trockenschütteln, die Blätter zerzupfen. Den Rosmarinzweig entfernen, die Sauce salzen. Butter und Basilikum unterrühren. Die Sauce auf vorgewärmte Teller geben, die Schnitzel darauf legen. Dazu Spaghetti und ein fruchtiger Weißwein – hmmm ....

sommerlich Basilikumschnitzel mit Kirschtomatensalat

(im Bild vorne)

Für 4 Personen:
500 g Kirschtomaten (rot und gelb gemischt)
1 kleiner Zucchino
50 g schwarze Oliven | Salz
2 EL weißer Aceto balsamico | 2 EL Olivenöl
1 großes Bund Basilikum | 3 Eier
1 EL Sahne (ersatzweise Milch) | 3 EL Mehl
4 dünne Schweineschnitzel (à 140 g)
Pfeffer | 3 EL neutrales Pflanzenöl

Zubereitungszeit: ca. 40 Min.
Pro Portion: ca. 410 kcal

1 Die Tomaten waschen und halbieren. Den Zucchino waschen, putzen, längs halbieren und in feinste Scheiben schneiden. Oliven entsteinen und halbieren. Alles in einer Schüssel mit Salz, Aceto balsamico und Olivenöl vermengen. Ziehen lassen, bis die Schnitzel fertig sind.

2 Das Basilikum waschen und trockenschütteln, die Blätter in feine Streifen schneiden. Die Eier in einem tiefen Teller mit der Sahne verquirlen, Basilikum und 1 Prise Salz unterrühren. Das Mehl auf einen zweiten Teller geben.

3 Die Schnitzel gleichmäßig flach klopfen, salzen, pfeffern und im Mehl wenden. Das Öl in einer großen Pfanne erhitzen. Die Schnitzel in der Eimischung wenden und in die Pfanne geben. Restliches Ei auf den Schnitzeln verteilen. Bei mittlerer Hitze 3 Min. braten, vorsichtig wenden und auf der anderen Seite ebenfalls 3 Min. braten. Mit dem Salat servieren. Und dazu einen fruchtigen Weißwein reichen.

Kräutervariante

In der zarten Eihülle macht sich auch eine Mischung aus **Petersilie, Basilikum** und **Oregano** oder aus **Petersilie** und **Minze** sehr gut.

1

2

3

raffiniert Kartoffelknusperschnitzel mit Frühlingsgemüse

Für 4 Personen:
Für das Gemüse:
1 Bund Möhren
2 junge Kohlrabi
500 g weißer Spargel
1 Bund Frühlingszwiebeln
40 g Butter
Salz / Zucker
1 Bund Bärlauch (ersatzweise Basilikum)
100 g Crème fraîche
Für die Schnitzel:
3 EL Mehl
2 Eier
8 dünne Kalbsschnitzel (à 70 g)
Pfeffer
600 g mehlig kochende Kartoffeln
Muskatnuss, frisch gerieben
4 EL neutrales Pflanzenöl

Zubereitungszeit: ca. 40 Min.
Pro Portion: ca. 620 kcal

1 Die Möhren putzen, schälen und schräg in ca. 1/2 cm dicke Scheiben schneiden. Die Kohlrabi putzen, schälen und in ca. 1 cm dicke und 4 cm lange Stifte schneiden. Den Spargel schälen, die trockenen Enden abschneiden. Spargelstangen schräg in ca. 3 cm lange Stücke schneiden. Die Frühlingszwiebeln putzen, waschen und schräg in Ringe schneiden.

2 Die Butter bei mittlerer Hitze in einem Topf zerlassen, die Möhren und die Kohlrabi darin 1 Min. unter Rühren anbraten. 3 EL Wasser hinzufügen und mit je 1/2 TL Salz und Zucker würzen. Zugedeckt bei schwacher Hitze 5 Min. garen, gelegentlich umrühren.

3 Währendessen für die Schnitzel das Mehl auf einen Teller geben. Die Eier in einem tiefen Teller verquirlen. Die Schnitzel gleichmäßig flach klopfen (siehe Seite 38/39), salzen und pfeffern.

4 Den Spargel zum Gemüse in den Topf geben und alles zugedeckt bei schwacher Hitze weitere 10 Min. leise kochen lassen.

5 Inzwischen 4 Stücke Alufolie (ca. 20 x 30 cm) auf die Arbeitsfläche legen. Die Kartoffeln schälen und am besten mit einem Juliennehobel in streichholzgroße Stifte schneiden **(Step 1)** oder grob raspeln. Die Kartoffelstifte mit Küchenpapier trockentupfen. Jeweils 1/8 der Kartoffelstifte in Schnitzelgröße auf jedes Folienstück verteilen, mit etwas Muskat würzen. Die Schnitzel im Mehl wenden, durch das Ei ziehen und darauf legen **(Step 2)**. Die übrigen Kartoffelstifte auf die Schnitzel geben. Die Folie darüber schlagen und fest andrücken **(Step 3)**.

6 Das Öl in einer großen Pfanne erhitzen. Die Folie aufschlagen und die Schnitzel mit einem Pfannenwender vorsichtig aus der Folie in die Pfanne heben. Die Schnitzel bei starker Hitze 2 Min. anbraten, dann bei schwacher Hitze 3 Min. weiterbraten. Sehr vorsichtig mit dem Pfannenwender umdrehen und von der anderen Seite wieder 2 Min. bei starker und 3 Min. bei schwacher Hitze braten.

7 Den Bärlauch waschen und trockenschütteln, die Blätter in feine Streifen schneiden. Mit den Frühlingszwiebeln und der Crème fraîche unter das Gemüse mischen und kurz miterhitzen. Die Schnitzel mit dem Gemüse servieren. Dazu passt ein spritziger, junger Weißwein oder Rosé.

schmeckt auch kalt **Haselnussschnitzel mit Lauchsalat**

(im Bild hinten)

Für 4 Personen:
2 Stangen Lauch (ca. 600 g)
1 Dose Ananasstückchen (340 g Abtropfgewicht)
3 EL Salatmayonnaise (30 % Fett)
3 EL Joghurt
1 EL mittelscharfer Senf
Salz | weißer Pfeffer
3 EL Mehl | 2 Eier
120 g gehackte Haselnusskerne
4 dünne Putenschnitzel (à 120 g)
4 EL neutrales Pflanzenöl

Zubereitungszeit: ca. 35 Min.
Marinierzeit: 2 Std.
Pro Portion: ca. 630 kcal

1 Den Lauch putzen, mit dem zarten Grün in schmale Ringe schneiden, waschen und in einem Sieb abtropfen lassen. Die Ananasstückchen abgießen, den Saft anderweitig verwenden. Mayonnaise, Joghurt, Senf und je 1 Prise Salz und Pfeffer in einer Salatschüssel verrühren. Lauch und Ananas untermischen. Zugedeckt 2 Std. im Kühlschrank ziehen lassen.

2 Den Lauchsalat aus dem Kühlschrank nehmen. Das Mehl auf einen Teller geben. Die Eier mit 1 EL Wasser in einem tiefen Teller verquirlen. Die Nüsse auf einen dritten Teller geben.

3 Die Putenschnitzel kalt abspülen, mit Küchenpapier trockentupfen, gleichmäßig flach klopfen, salzen und pfeffern. Erst im Mehl wenden, dann durch das Ei ziehen und zum Schluss in den Haselnüssen wenden. Das Öl in einer großen Pfanne erhitzen. Die Schnitzel darin bei mittlerer Hitze von jeder Seite ca. 3 Min. braten. Mit dem Lauchsalat servieren. Dazu macht sich ein fruchtiger Weißwein bestens.

indisch inspiriert **Pistazienschnitzel mit Apfelchutney**

(im Bild vorne)

Für 4 Personen:
500 g säuerliche Äpfel (z. B. Boskop)
Saft von 1 Zitrone
1 Stück frischer Ingwer (ca. 50 g)
1 frische rote Chilischote
1/2 TL gemahlene Kurkuma (Gelbwurzel) | Salz
4 EL brauner Zucker | 4 EL Weißweinessig
3 EL Mehl | 2 Eier
3 Scheiben altbackenes Toastbrot
100 g Pistazienkerne
4 dünne Kalbsschnitzel (à 120 g)
4 EL neutrales Pflanzenöl

Zubereitungszeit: ca. 1 Std.
Pro Portion: ca. 565 kcal

1 Die Äpfel schälen, ohne Kerngehäuse in Spalten schneiden und in einem Topf mit dem Zitronensaft mischen. Ingwer schälen, in feine Streifen schneiden. Chili waschen, putzen und in Ringe schneiden. Ingwer und Chili dazugeben. Kurkuma, 1 TL Salz, den Zucker, den Essig und 50 ml Wasser unterrühren, einmal aufkochen und bei mittlerer Hitze unter regelmäßigem Rühren 20 Min. leise kochen lassen, bis das Chutney die Konsistenz von Marmelade bekommt. Vom Herd nehmen und etwas abkühlen lassen.

2 Das Mehl auf einen Teller geben. Die Eier in einem tiefen Teller verquirlen. Den Toast entrinden, mit den Pistazien im Blitzhacker nicht zu fein hacken, auf einen dritten Teller geben.

3 Schnitzel flach klopfen (siehe Seite 38/39) und salzen. Im Mehl wenden, durch das Ei ziehen, zum Schluss in der Pistazienmischung wenden. Das Öl in einer großen Pfanne erhitzen. Schnitzel darin bei mittlerer Hitze von jeder Seite 3 Min. braten, herausheben und auf Küchenpapier entfetten. Mit lauwarmem Apfelchutney servieren.

mono

fruchtig-scharf **Kokosschnitzel mit Ananassauce**

(im Bild hinten)

Für 4 Personen:
2 Tomaten | 1 Zwiebel | 1 kleine Ananas
1–2 frische rote Chilischoten
1 Eiweiß
100 g Kokoschips (Naturkostladen; ersatzweise Kokosraspel)
4 dünne Putenschnitzel (à 120 g)
6 EL neutrales Pflanzenöl | Salz | Zucker

Zubereitungszeit: ca. 50 Min.
Pro Portion: ca. 470 kcal

1 Die Tomaten kreuzweise einritzen, kurz überbrühen, enthäuten und klein würfeln, dabei Kerne und Stielansätze entfernen. Die Zwiebel schälen und fein hacken. Die Ananas schälen, den Strunk entfernen und das Fruchtfleisch klein würfeln. Die Chilis waschen, putzen, evtl. entkernen und in Ringe schneiden.

2 Das Eiweiß in einer Tasse verquirlen. Kokoschips etwas zerbröseln und auf einem Teller bereitstellen. Die Schnitzel kalt abspülen, trockentupfen und gleichmäßig flach klopfen.

3 2 EL Öl in einem Topf erhitzen, die Zwiebel darin 1 Min. anbraten. 2/3 der Ananaswürfel und die Chilis dazugeben. Zugedeckt bei schwacher Hitze 5 Min. schmoren. Dann die restlichen Ananas- und die Tomatenwürfel unterrühren und 2 Min. leise mitkochen lassen. Mit Salz und Zucker abschmecken.

4 Die Schnitzel beidseitig salzen und mit Eiweiß einpinseln, in den Kokoschips wenden und diese etwas andrücken. Das restliche Öl in einer großen Pfanne erhitzen, die Schnitzel darin bei mittlerer Hitze von jeder Seite in ca. 3 Min. goldbraun braten. Mit der Ananassauce servieren. Ideal dazu: Reis und Bier.

exotisch **Erdnussschnitzel mit Ingwermöhren**

(im Bild vorne)

Für 4 Personen:
800 g Möhren | 2 Knoblauchzehen
1 Stück frischer Ingwer (ca. 30 g)
6 EL neutrales Pflanzenöl
1 unbehandelte Orange
Salz | Zucker | Cayennepfeffer
3 EL Mehl | 2 Eier
150 g geröstete, gesalzene Erdnüsse
4 dünne Schweineschnitzel (à 120 g)

Zubereitungszeit: ca. 40 Min.
Pro Portion: ca. 620 kcal

1 Die Möhren putzen, schälen und in ca. 5 cm lange Stifte schneiden. Den Knoblauch und den Ingwer schälen und fein hacken. 2 EL Öl in einem Topf erhitzen, Knoblauch und Ingwer darin 1 Min. anbraten. Möhren hinzufügen und zugedeckt bei mittlerer Hitze 5 Min. schmoren, dabei gelegentlich umrühren.

2 Die Orange heiß waschen und abtrocknen. Die Schale abraspeln (am besten mit einem Zestenreißer), den Saft auspressen. Schale und Saft zu den Möhren geben. Mit Salz, Zucker und Cayennepfeffer würzen. Alles 10 Min. leise weiterkochen lassen.

3 Inzwischen das Mehl auf einen Teller geben. Die Eier in einem tiefen Teller verquirlen. Die Erdnüsse im Blitzhacker grob hacken und auf einen dritten Teller geben. Die Schnitzel gleichmäßig flach klopfen, erst im Mehl wenden, dann durch das Ei ziehen und zum Schluss in den Erdnüssen wenden.

4 Das restliche Öl in einer großen Pfanne erhitzen. Die Schnitzel darin bei mittlerer Hitze von jeder Seite 3 Min. braten. Mit den Ingwermöhren servieren. Dazu passt ein kühles Bier.

Gerollt, gefüllt & gratiniert

Schnitzel für viele

Wie wäre es bei Ihrem nächsten Fest mit einer Schnitzel-Party? Schnitzel lassen sich prima in größerer Menge vorbereiten und, wenn die Gäste da sind, auf dem Blech im Backofen appetitlich goldbraun überbacken. Mit knusprigem Weißbrot und einem Salatbüfett – mit knackigen Blattsalaten, Gurkenscheiben, Paprikastreifen, Tomatenachteln, Gemüsemais, Oliven und den beiden Dressings von Seite 105 – eine feine Sache, bei der Sie auch als Gastgeber Ihren Spaß haben, weil der Kochstress wegfällt.

Party-Schnitzel vom Blech

Schnitzel »Hawaii« (Seite 71) werden der Renner auf Ihrer 50er-Jahre-Fete. Bevor die Gäste kommen: Die Schnitzel mit Salz und Pfeffer würzen und von jeder Seite 2 Min. braten, nebeneinander auf ein gefettetes Blech setzen und ruhig abkühlen lassen. Wenn alle da sind, den Backofen auf 180° vorheizen. Auf einem zweiten Blech genauso viele Toastscheiben wie Schnitzel verteilen. Die Schnitzel mit Ananas und Käse belegen und im Backofen oben (Umluft 160°), die Toasts unten einschieben. Toasts nach 4 Min. wenden. Nach weiteren 3–4 Min. die Toasts auf Teller verteilen, je 1 Schnitzel darauf setzen und mit Cocktailkirschen garnieren.

Ebenso schnell gemacht und preiswert dazu: Für ein italienisches Fest servieren Sie die Putenschnitzel mit Tomate und Mozzarella (Seite 71). Auch sie lassen sich gut vorbereiten und später auf dem Blech im Backofen überbacken. Dazu passt **Knoblauchbaguette:** Für 10 Personen 100 g weiche Butter mit 2 EL gehackter Petersilie und 1/2 TL Salz verrühren. 4 Knoblauchzehen schälen und dazupressen. 3 Baguettes im Abstand von ca. 3 cm schräg einschneiden und jeweils etwas Knoblauchbutter in die Schnitte streichen. Die Baguettes auf einem zweiten Blech (unten) zusammen mit den Schnitzeln (oben) im heißen Backofen knusprig braun backen.

Nicht nur mit Ananas – Schnitzel mit Früchten und Nüssen, die mit zart schmelzendem Käse überbacken werden, sind immer eine beliebte Kombi, siehe Putenschnitzel mit Pfirsich (Seite 72) und Schnitzel mit Birne und Camembert (Seite 73). Ebenso lecker als Belag sind Mangostreifen (frisch oder aus der Dose), gehackte Pistazien und Fontinakäse oder **Kurkuma-Bananen, Mandelsplitter und Gratinkäse:** Für 4 Schnitzel (Schwein oder Pute) 2 große Bananen längs und quer halbieren, so dass 8 Stücke entstehen. In einer Pfanne 40 g Butter schmelzen lassen. 1/2 TL gemahlene Kurkuma und die Bananenstücke hineingeben. Bei schwacher Hitze von jeder Seite 1 Min. braten, leicht salzen. Je 2 Bananenviertel auf 1 gebratenes Schnitzel legen, 1 EL geraspelter Gratinkäse und 1 TL Mandelsplitter darüber verteilen und unter dem Backofengrill in 5 Min. goldbraun überbacken.

Viele Gäste, schöne Feste

Rouladen und Röllchen aus Schnitzelfleisch (Rezepte Seite 60–69) eignen sich ebenfalls gut als Essen für größere Einladungen. Multiplizieren Sie einfach die Zutatenmengen entsprechend Ihrer Gästezahl. Alle Röllchen vorbereiten und in der Pfanne anbraten, dann in einen großen Bräter umfüllen und – je nach Rezept – Wein oder Brühe angießen und im Backofen fertig garen. Verspäten sich Ihre Gäste? Kein Problem! Temperatur einfach auf 70° zurückstellen und sanft weiterschmoren lassen, die Röllchen werden nur umso zarter.

mediterran **Tomaten-Schafkäse-Schnitzel**

(im Bild vorne)

Für 4 Personen:
2 EL Pinienkerne
1 Schalotte
1 kleine rote Paprikaschote
6 getrocknete Tomaten
(+ 2 EL Einlegeöl; aus dem Glas)
Salz / Pfeffer
1/2 TL getrockneter Oregano
4 dünne Schweineschnitzel (à 150 g)
100 g Schafkäse (Feta)
2 EL neutrales Pflanzenöl
Außerdem:
Holzspießchen

Zubereitungszeit: ca. 30 Min.
Pro Portion: ca. 400 kcal

1 Die Pinienkerne in einer kleinen Pfanne ohne Fett unter Rühren goldbraun rösten. Die Schalotte schälen und fein hacken. Die Paprikaschote halbieren, putzen, waschen und in sehr kleine Würfel schneiden. Die getrockneten Tomaten abtropfen lassen und klein würfeln.

2 Das Tomaten-Einlegeöl erhitzen. Schalotte und Paprika darin 2 Min. braten. Mit Salz, Pfeffer und Oregano würzen. Abkühlen lassen.

3 Die Schnitzel flach klopfen (siehe Seite 38/39), salzen und pfeffern. Den Schafkäse zerbröckeln und mit der Paprikamischung, Tomaten und Pinienkernen vermengen. Jeweils 1/4 der Füllung auf einer Schnitzelhälfte aufhäufen, dabei den Rand frei lassen. Die andere Hälfte darüber klappen und mit Holzspießchen feststecken.

4 Das Öl in einer Pfanne erhitzen. Schnitzel darin bei mittlerer Hitze von jeder Seite 4–5 Min. braten. Dazu passen Backofengemüse (Seite 115) und ein leichter Rotwein oder Bier.

zart schmelzend **Schnitzel mit Preiselbeerbirnen**

(im Bild hinten)

Für 4 Personen:
2 reife Birnen / 200 ml Weißwein
1 kleines Stück unbehandelte Zitronenschale
1 Zimtstange
4 dünne Kalbsschnitzel (à 150 g)
Salz / Pfeffer
160 g Camembert (ersatzweise Brie)
2 EL gehackte Walnusskerne
2 EL neutrales Pflanzenöl
4 EL Preiselbeeren
Außerdem:
Holzspießchen

Zubereitungszeit: ca. 30 Min.
Pro Portion: ca. 475 kcal

1 Birnen schälen, halbieren, die Kerngehäuse dabei großzügig entfernen. Birnenhälften mit dem Weißwein in ein Töpfchen geben (die Birnen müssen bedeckt sein). Zitronenschale und Zimt hinzufügen. Alles bei schwacher Hitze 5 Min. leise kochen lassen. Etwas abkühlen lassen.

2 Schnitzel flach klopfen (siehe Seite 38/39), salzen und pfeffern. Den Käse in Scheiben schneiden, jeweils eine Schnitzelhälfte damit belegen, dabei den Rand frei lassen. Walnüsse darüber streuen. Die andere Schnitzelhälfte darüber klappen und mit Spießchen feststecken.

3 Das Öl in einer Pfanne erhitzen. Die Schnitzel darin bei mittlerer Hitze von jeder Seite 3 Min. braten. Dann 8 EL Birnen-Weinsud dazugeben und zugedeckt 5 Min. ziehen lassen.

4 Birnen aus dem Sud heben und umgedreht auf Küchenpapier abtropfen lassen. Schnitzel mit dem Bratensaft anrichten. Jeweils 1 Birnenhälfte dazugeben und 1 EL Preiselbeeren darauf setzen. Ideal dazu: Spätzle und Weißwein.

leicht **Hähnchenbrust mit Spinat und Mozzarella**

(im Bild hinten)

Für 4 Personen:
1 Schalotte
1 Knoblauchzehe
1 TL Butter
100 g aufgetauter TK-Blattspinat
1/2 Kugel Mozzarella (60 g)
Salz / Pfeffer
4 große Hähnchenbrustfilets (à 150 g)
2 EL neutrales Pflanzenöl
100 ml Weißwein (ersatzweise Brühe)
100 ml Gemüsebrühe (Instant)
Außerdem:
Holzspießchen

Zubereitungszeit: ca. 30 Min.
Garzeit: ca. 15 Min.
Pro Portion: ca. 280 kcal

1 Die Schalotte und den Knoblauch schälen und fein hacken. Die Butter in einem Pfännchen erhitzen. Schalotte und Knoblauch darin 1 Min. anbraten.

2 Den Spinat ausdrücken und grob zerschneiden. Den Mozzarella abtropfen lassen und klein würfeln. Spinat und Mozzarella mit der Schalottenmischung vermengen und mit Salz und Pfeffer würzen.

3 Das Hähnchenfleisch kalt abspülen und mit Küchenpapier trockentupfen. In die Filets jeweils eine tiefe Tasche einschneiden. Das Fleisch innen und außen salzen und pfeffern. Mit der Spinatmischung füllen und mit Holzspießchen feststecken.

4 Das Öl in einer Schmorpfanne erhitzen. Das Fleisch darin bei mittlerer Hitze von jeder Seite 3 Min. anbraten. Mit dem Wein ablöschen, 5 Min. einkochen lassen.

5 Die Gemüsebrühe angießen und das Fleisch zugedeckt bei schwacher Hitze in ca. 15 Min. fertig garen. In Scheiben schneiden und mit dem Bratensaft anrichten. Dazu passen Bandnudeln oder Kartoffelpüree mit Bärlauch-Pesto (Seite 111) und ein trockener Weißwein.

heiß geliebter Klassiker **Cordon bleu**

(im Bild vorne)

Für 4 Personen:
4 dünne Kalbsschnitzel (à 150 g)
Salz / weißer Pfeffer
2 Scheiben gekochter Schinken (à 40 g)
2 Scheiben Emmentaler (à 40 g)
4 EL Mehl / 2 Eier
6 EL Semmelbrösel / 50 g Butterschmalz
Außerdem:
Holzspießchen

Zubereitungszeit: ca. 25 Min.
Pro Portion: ca. 505 kcal

1 Die Schnitzel flach klopfen (siehe Seite 38/39) und mit wenig Salz und Pfeffer würzen. Auf eine Hälfte je 1/2 Scheibe Schinken und 1/2 Scheibe Käse legen (beides so zuschneiden bzw. falten, dass ein ca. 2 cm breiter Rand frei bleibt). Die andere Hälfte darüber klappen und die gefüllten Schnitzel mit Holzspießchen feststecken.

2 Das Mehl auf einen Teller geben. Die Eier in einem tiefen Teller verquirlen. Die Semmelbrösel auf einen dritten Teller geben. Die Cordons bleus erst im Mehl wenden, dann durch das Ei ziehen und zum Schluss in den Bröseln wenden. Die Panade leicht andrücken.

3 Das Butterschmalz in einer Pfanne erhitzen. Die Cordons bleus darin bei mittlerer Hitze von jeder Seite in 4–5 Min. goldbraun braten. Besonders fein dazu: Kartoffel-Rucola-Salat (Seite 39) und Bier.

fruchtig-scharf Ananas-Kraut-Päckchen

Für 4 Personen:
100 g Ananas (frisch oder aus der Dose)
1 frische rote Chilischote
100 g Sauerkraut (aus der Dose oder Tüte)
4 dünne Schweineschnitzel (à 150 g)
Salz / Pfeffer
2 EL neutrales Pflanzenöl
1/4 l Gemüsebrühe (Instant)
1 EL heller Saucenbinder
4 TL saure Sahne
Außerdem:
Holzspießchen

Zubereitungszeit: ca. 25 Min.
Garzeit: ca. 15 Min.
Pro Portion: ca. 260 kcal

1 Das Ananasfleisch klein würfeln. Die Chilischote waschen, putzen und in sehr feine Ringe schneiden. Ananas und Chili mit dem Sauerkraut mischen. Die Schnitzel flach klopfen, salzen und pfeffern. Jeweils 1/4 der Sauerkrautmischung auf einer Schnitzelhälfte aufhäufen, dabei den Rand frei lassen. Die andere Schnitzelhälfte darüber klappen, mit Spießchen feststecken.

2 Das Öl in einer Schmorpfanne erhitzen. Die Päckchen darin bei mittlerer Hitze von jeder Seite 3 Min. anbraten. Die Brühe angießen, einmal aufkochen lassen und die Päckchen zugedeckt bei schwacher Hitze in ca. 15 Min. fertig garen. Auf vorgewärmte Teller geben.

3 Den Saucenbinder unter den Bratensaft rühren und sämig einkochen lassen. Mit Salz und Pfeffer abschmecken und auf die Teller verteilen. Auf jedes Päckchen 1 TL saure Sahne setzen. Dazu passen Kartoffelpüree (Seite 111) und Bier.

exotisch Kokos-Mango-Schnitzel

Für 4 Personen:
1/2 reife Mango / 2 Frühlingszwiebeln
1 EL Limettensaft / 2 EL Mangochutney
4 dünne Schweineschnitzel (à 150 g)
Salz / Cayennepfeffer
3 EL Mehl / 2 Eier
3 EL Semmelbrösel / 3 EL Kokosraspel
Außerdem:
neutrales Pflanzenöl zum Ausbacken
Holzspießchen

Zubereitungszeit: ca. 30 Min.
Pro Portion: ca. 425 kcal

1 Die Mango schälen, das Fruchtfleisch vom Stein schneiden und klein würfeln. Die Frühlingszwiebeln putzen, waschen und in feine Ringe schneiden. Mango, Frühlingszwiebeln, Limettensaft und Chutney mischen.

2 Die Schnitzel gleichmäßig flach klopfen, mit Salz und Cayennepfeffer würzen. Jeweils 1/4 der Mangomischung auf eine Schnitzelhälfte geben, den Rand frei lassen, die andere Hälfte darüber klappen und mit Spießchen feststecken.

3 Das Mehl auf einen Teller geben. Die Eier in einem tiefen Teller verquirlen. Semmelbrösel und Kokosraspel auf einem dritten Teller mischen. Schnitzel erst im Mehl wenden, dann durch das Ei ziehen und zum Schluss in der Kokosmischung wenden.

4 In einer Pfanne ca. 1 cm hoch Öl erhitzen. Die Schnitzel darin bei mittlerer Hitze von jeder Seite 3–4 Min. braten. Auf Küchenpapier entfetten. Dazu passen der Chicorée-Orangen-Salat (Seite 107) und ein fruchtiger Weißwein.

Blitzvariante

Füllen Sie die Schnitzel jeweils mit 1 Scheibe **Gouda** und 1 EL **Mangochutney,** pinseln Sie die gefüllten Schnitzel mit Eiweiß ein und wälzen Sie sie in zerbröselten **Cornflakes.**

pikant **Schnitzel mit Gemüsefüllung**

(im Bild hinten)

Für 4 Personen:
1 kleine Zwiebel / 1 Knoblauchzehe
1 Möhre / 1 rote Paprikaschote
1 kleiner Zucchino
4 EL neutrales Pflanzenöl / 1 EL Currypulver
1/2 TL Cayennepfeffer / 1 EL Honig / Salz
4 dünne Putenschnitzel (à 140 g)
100 g Sahne / 100 ml Gemüsebrühe (Instant)
Außerdem:
Holzspießchen

Zubereitungszeit: ca. 45 Min.
Pro Portion: ca. 350 kcal

1 Zwiebel und Knoblauch schälen und fein hacken. Das Gemüse waschen, putzen und millimeterklein würfeln. Zwiebel und Knoblauch in 2 EL Öl 1 Min. anbraten. Das Gemüse dazugeben und bei mittlerer Hitze 3 Min. unter Rühren mitbraten. Curry, Cayennepfeffer, Honig und 1 Prise Salz unterrühren, 1 Min. weiterbraten. Vom Herd nehmen und etwas abkühlen lassen.

2 Das Fleisch kalt abspülen, trockentupfen, flach klopfen und leicht salzen. Auf eine Schnitzelhälfte jeweils 1 gehäuften EL Gemüsefüllung geben, dabei den Rand frei lassen, die andere Hälfte darüber klappen und mit Spießchen feststecken. Restliches Gemüse beiseite stellen.

3 Das restliche Öl in einer Pfanne erhitzen. Die Schnitzel darin bei mittlerer Hitze von jeder Seite 3 Min. braten. Herausheben und zugedeckt warm halten. Sahne und Gemüsebrühe in die Pfanne geben und bei starker Hitze 2 Min. einkochen lassen. Restliches Gemüse unterrühren, Schnitzel wieder in die Pfanne geben. Zugedeckt bei schwacher Hitze noch 5 Min. leise kochen lassen. Die perfekten Begleiter: Gewürzreis (Seite 123) und Bier.

spanisch inspiriert **Schinken-Thymian-Hähnchenbrust**

(im Bild vorne)

Für 4 Personen:
4 große Hähnchenbrustfilets (à 150 g)
Salz / Pfeffer
2 Zweige frischer Zitronenthymian (ersatzweise normaler Thymian oder 8 Salbeiblätter)
50 g Butter
8 dünne Scheiben Serranoschinken
2 EL neutrales Pflanzenöl
125 ml trockener Sherry (ersatzweise Brühe)
Außerdem:
Holzspießchen

Zubereitungszeit: ca. 25 Min.
Garzeit: ca. 15 Min.
Pro Portion: ca. 460 kcal

1 Das Fleisch kalt abspülen und trockentupfen. In die Filets jeweils eine tiefe Tasche einschneiden, innen und außen salzen und pfeffern. Den Thymian waschen und trockenschütteln, die Blättchen abzupfen. Jeweils etwas Thymian und 1 Flöckchen Butter (ca. 5 g) in die Taschen füllen. Restliche Butter würfeln und ins Tiefkühlfach stellen. Die Filets jeweils mit 2 Scheiben Schinken umwickeln, mit Spießchen feststecken.

2 Das Öl in einer Schmorpfanne erhitzen. Das Fleisch darin bei mittlerer Hitze von jeder Seite 3 Min. anbraten. Mit Sherry ablöschen und das Fleisch zugedeckt bei schwacher Hitze in ca. 15 Min. fertig garen.

3 Das Fleisch auf vorgewärmten Tellern anrichten. Die Pfanne vom Herd nehmen, die kalte Butter mit einem Schneebesen zügig unter den Bratensaft rühren und die Sauce zu den Hähnchenbrüsten servieren. Dazu schmecken in Butter geschwenkte Zuckerschoten, Safranreis (Seite 105) und ein trockener Weißwein.

würzig **Putenrouladen mit Pilzen**

(im Bild vorne)

Für 4 Personen:
2 Schalotten | 40 g Frühstücksspeck (Bacon)
500 g gemischte Pilze (Steinpilze, Egerlinge, Maronen, Pfifferlinge, Shiitake-Pilze)
1 Bund Petersilie | 30 g Butterschmalz
1 Prise getrockneter Thymian
Salz | Pfeffer
4 dünne Putenschnitzel (à 150 g)
100 ml Weißwein (ersatzweise Gemüsebrühe)
200 g Sahne
Außerdem:
Rouladennadeln oder Holzspießchen

Zubereitungszeit: ca. 35 Min.
Garzeit: ca. 15 Min.
Pro Portion: ca. 585 kcal

1 Die Schalotten schälen und fein hacken. Den Speck fein würfeln. Die Pilze putzen und trocken abreiben. 1/3 der Pilze millimeterklein hacken, den Rest je nach Größe ganz lassen, vierteln oder in Scheiben schneiden. Die Petersilie waschen und trockenschütteln, die Blätter hacken.

2 Für die Füllung 10 g Schmalz in einer Pfanne erhitzen. Schalotten, Speck und gehackte Pilze darin bei starker Hitze 5 Min. braten. 1 EL gehackte Petersilie und den Thymian unterrühren, salzen und pfeffern. Etwas abkühlen lassen.

3 Das Fleisch kalt abspülen, trockentupfen, flach klopfen, salzen und pfeffern. Die Pilzfüllung darauf geben, Schnitzel aufrollen und mit Rouladennadeln oder Spießchen feststecken.

4 Das restliche Butterschmalz in einer Schmorpfanne erhitzen. Rouladen darin bei mittlerer Hitze in ca. 3 Min. rundum anbraten. Restliche Pilze hinzufügen und 3 Min. mitbraten. Wein und Sahne angießen und die Rouladen zugedeckt bei schwacher Hitze in ca. 15 Min. fertig garen. Vor dem Servieren die übrige Petersilie unter die Sauce ziehen. Feine Begleiter: Zitronennudeln (Seite 105) und ein trockener Weißwein.

mit Nostalgiefaktor **Spreewälder Rouladen**

(im Bild hinten)

Für 4 Personen:
4 dünne Kalbsschnitzel (à 140 g) | Salz | Pfeffer
150 g Kalbsbrät (beim Metzger vorbestellen; ersatzweise 3 rohe Kalbsbratwürstchen)
2 Spreewälder Gurken (ersatzweise andere Gewürzgurken)
2 EL neutrales Pflanzenöl
200 ml Gemüsebrühe (Instant)
2 EL heller Saucenbinder
Außerdem:
Rouladennadeln oder Holzspießchen

Zubereitungszeit: ca. 20 Min.
Garzeit: ca. 20 Min.
Pro Portion: ca. 330 kcal

1 Die Schnitzel flach klopfen (siehe Seite 38/39), leicht salzen und pfeffern. Das Brät auf den Schnitzeln verstreichen (evtl. aus der Wurstpelle drücken), dabei den Rand frei lassen. Gurken längs in dünne Streifen schneiden, auf dem Brät verteilen. Schnitzel von der Schmalseite her aufrollen und feststecken.

2 Das Öl in einer Schmorpfanne erhitzen. Die Rouladen darin bei mittlerer Hitze in ca. 5 Min. rundum goldbraun anbraten. Die Brühe angießen und die Rouladen zugedeckt bei schwacher Hitze in ca. 20 Min. fertig garen. Herausnehmen und zugedeckt warm halten. Den Saucenbinder einrühren, die Sauce sämig einkochen lassen, mit Salz und Pfeffer abschmecken und zu den Rouladen servieren. Dazu schmecken Kartoffelpüree (Seite 111), Rote-Beten-Salat und Bier.

1

2

3

italienisch **Involtini mit drei Pestofüllungen**

Für 4 Personen:
Für das Basilikum-Pesto:
2 EL Pinienkerne / 1 Bund Basilikum
1 Knoblauchzehe (nach Belieben)
1 TL Zitronensaft / 2 EL Olivenöl
3 EL frisch geriebener Parmesan
Salz / Pfeffer
Für das Tomaten-Pesto:
2 EL Pinienkerne
10 getrocknete Tomaten
(+ 2 EL Einlegeöl, aus dem Glas)
1 kleine getrocknete Chilischote
4 EL frisch geriebener Parmesan
Salz / Pfeffer
Für das Pistazien-Pesto:
1 Bund Petersilie / 2 EL Pistazien
2 EL Olivenöl / 1 TL Zitronensaft
3 EL frisch geriebener Parmesan
Salz / Pfeffer
Für die Involtini (mit 1 Füllung):
4 dünne Kalbsschnitzel (à 140 g)
2 EL neutrales Pflanzenöl
100 ml Weißwein (ersatzweise Gemüsebrühe)
Außerdem:
Holzspießchen

Zubereitungszeit (mit 1 Füllung): ca. 30 Min.
Garzeit: ca. 15 Min.
Pro Portion mit Basilikum-Pesto: ca. 340 kcal
Pro Portion mit Tomaten-Pesto: ca. 420 kcal
Pro Portion mit Pistazien-Pesto: ca. 340 kcal

1 Für das **Basilikum-Pesto** die Pinienkerne in einer Pfanne ohne Fett unter Rühren goldbraun rösten, abkühlen lassen. Das Basilikum waschen und trockenschütteln, die Blätter abzupfen. Den Knoblauch schälen und grob hacken. Pinienkerne, Basilikum und Knoblauch mit Zitronensaft und Öl im Mixer fein pürieren. Den Parmesan unterrühren. Mit Salz und Pfeffer abschmecken.
Für das **Tomaten-Pesto** die Pinienkerne goldbraun rösten und abkühlen lassen. Die Tomaten grob zerschneiden und mit dem Einlegeöl und den Pinienkernen in den Mixer geben. Die Chilischote dazubröseln und alles fein pürieren.
Den Käse unterrühren, salzen und pfeffern.
Für das **Pistazien-Pesto** die Petersilie waschen und trockenschütteln, die Blätter abzupfen. Petersilie und Pistazien mit dem Öl und dem Zitronensaft im Mixer fein pürieren. Den Käse unterrühren, salzen und pfeffern.

2 Die Schnitzel flach klopfen (siehe Seite 38/39) und mit wenig Salz und Pfeffer würzen. Jeweils dünn mit Pesto bestreichen, dabei einen ca. 1 cm breiten Rand frei lassen **(Step 1)**. An den Längsseiten jeweils ca. 1 cm einschlagen, so dass die Füllung später nicht herausquellen kann, und von der Schmalseite her aufrollen **(Step 2)**. Die Involtini mit Holzspießchen feststecken **(Step 3)**.

3 Das Öl in einer Pfanne erhitzen. Die Involtini darin bei mittlerer Hitze in ca. 3 Min. rundum anbraten. Den Wein angießen und die Involtini zugedeckt bei schwacher Hitze in ca. 15 Min. fertig garen. Mit dem Bratensaft anrichten. Dazu passen Bandnudeln und ein trockener Weißwein.

Clever auf Vorrat
Pesto wird traditionell aus Kräutern, Öl, Nüssen oder Samen und Käse, meist Parmesan, hergestellt. Sie können aber auch **Pecorino** (Ziegenhartkäse) verwenden. Die Kräuterpaste lässt sich bestens als **Nudelsauce** oder **Aufstrich** für knusprig geröstete Brotscheiben einsetzen. Es lohnt sich daher, gleich einen Pestovorrat anzulegen. Zum Aufbewahren in ein sauberes Schraubglas füllen und die Oberfläche mit Olivenöl bedecken. So hält es sich im Kühlschrank ca. 10 Tage.

Clever aufs Büfett
Die Involtini schmecken **auch kalt** sehr lecker und bereichern, in Scheiben geschnitten und auf einer Platte angerichtet, jedes kalte Büfett.

würzig **Fleischröllchen mit Sherrypflaumen**

(im Bild hinten)

Für 4 Personen:
12 getrocknete Pflaumen (ohne Stein)
100 ml Sherry medium / 250 g Schalotten
2 Zweige frischer Thymian
4 dünne Schweineschnitzel (à 140 g)
Salz / Pfeffer
12 Scheiben Frühstücksspeck (Bacon; ca. 100 g)
3 EL neutrales Pflanzenöl / 1 EL Zucker
200 ml Geflügelfond (aus dem Glas)
Außerdem:
Holzspießchen

Zubereitungszeit: ca. 30 Min.
Marinierzeit: 30 Min.
Garzeit: ca. 15 Min.
Pro Portion: ca. 480 kcal

1 Die Pflaumen halbieren und im Sherry einlegt 30 Min. ziehen lassen. Die Schalotten schälen und je nach Größe halbieren oder ganz lassen. Den Thymian waschen, trockenschütteln.

2 Die Schnitzel flach klopfen, mit wenig Salz und Pfeffer würzen. Jeweils mit 3 Speckscheiben belegen. Die Pflaumen abtropfen lassen und darauf verteilen, den Sherry für die Sauce beiseite stellen. Von der Schmalseite her aufrollen und mit Spießchen feststecken.

3 2 EL Öl in einer Schmorpfanne erhitzen. Die Röllchen darin bei mittlerer Hitze in ca. 5 Min. rundum anbraten. Herausnehmen, zugedeckt warm halten. Restliches Öl in der Pfanne erhitzen. Schalotten mit dem Zucker darin 3 Min. unter Rühren anbraten. Mit Sherry und Fond ablöschen, den Thymian dazulegen. Röllchen wieder in die Pfanne geben, zugedeckt bei schwacher Hitze in ca. 15 Min. fertig garen. Sauce salzen und pfeffern, mit den Röllchen anrichten. Fein dazu: grüne Bandnudeln und Rotwein.

griechisch inspiriert **Ziegenkäseröllchen**

(im Bild vorne)

Für 4 Personen:
6 schwarze Oliven
6 getrocknete Tomaten (in Öl; aus dem Glas)
1/2 TL getrockneter Oregano
80 g Ziegenfrischkäse
Pfeffer / 2 Knollen junger Knoblauch
8 dünne Lammschnitzel (à 70 g) / Salz
2 EL neutrales Pflanzenöl / 1 Zitrone
Außerdem:
Holzspießchen

Zubereitungszeit: ca. 25 Min.
Garzeit: ca. 10 Min.
Pro Portion: ca. 330 kcal

1 Oliven entsteinen, Tomaten abtropfen lassen. Oliven und Tomaten fein hacken und mit dem Oregano unter den Käse mischen, pfeffern. Knoblauchknollen quer halbieren. Schnitzel flach klopfen, leicht salzen und pfeffern. Mit der Käsemischung bestreichen, aufrollen und feststecken.

2 Das Öl in einer großen Pfanne erhitzen. Die Röllchen darin bei mittlerer Hitze in ca. 2 Min. rundum anbraten. Die Knoblauchhälften mit den Schnittflächen nach unten 2 Min. mitbraten. 100 ml Wasser angießen. Zugedeckt bei schwacher Hitze 10 Min. garen.

3 Die Zitrone waschen und in Schnitze schneiden. Je 1/2 Knoblauchknolle und 2 Röllchen auf einem vorgewärmten Teller anrichten. Mit Zitronenschnitzen garnieren. Dazu schmecken knuspriges Weißbrot und ein griechischer Weißwein.

Blitzvariante

2 EL **Tapenade** (Olivenpaste aus dem Glas) mit dem Ziegenfrischkäse verrühren. Die Schnitzel damit bestreichen und je 1 TL geröstete Pinienkerne darauf streuen.

pikant-würzig
Orientalische Putenröllchen

Für 4 Personen:
2 EL Rosinen | 2 Frühlingszwiebeln
2 Knoblauchzehen | 4 EL neutrales Pflanzenöl
150 g Rinderhackfleisch
1/2 TL gemahlener Kreuzkümmel
1/4 TL Zimtpulver
Salz | Cayennepfeffer
4 dünne Putenschnitzel (à 140 g)
Außerdem:
Holzspießchen

Zubereitungszeit: ca. 25 Min.
Garzeit: ca. 15 Min.
Pro Portion: ca. 345 kcal

1 Die Rosinen in einem Sieb warm abbrausen und abtropfen lassen. Die Frühlingszwiebeln putzen, waschen und klein schneiden. Die Knoblauchzehen schälen und fein hacken.

2 2 EL Öl in einer Pfanne erhitzen. Das Hackfleisch mit dem Knoblauch darin in ca. 5 Min. krümelig braun braten. Frühlingszwiebeln, Kreuzkümmel und Zimt hinzufügen und mit Salz und Cayennepfeffer pikant abschmecken. Die Rosinen unterrühren. Vom Herd nehmen und etwas abkühlen lassen.

3 Die Schnitzel kalt abspülen, mit Küchenpapier trockentupfen, flach klopfen und mit wenig Salz und Cayennepfeffer würzen. Die Hackfleischmischung darauf verteilen. Schnitzel aufrollen und mit Spießchen feststecken. Das restliche Öl in einer Schmorpfanne erhitzen. Röllchen darin bei mittlerer Hitze in ca. 5 Min. rundum anbraten. Mit 150 ml Wasser ablöschen und die Röllchen zugedeckt bei schwacher Hitze in ca. 15 Min. fertig garen. Klarer Fall: Dazu schmecken Couscous (Seite 123) und Bier.

asiatisch **Süßsaure Schweinefleischröllchen**

Für 4 Personen:
1 Knoblauchzehe | 1 kleine Möhre
2 Frühlingszwiebeln
50 g frische Sojabohnensprossen
2 EL geröstete, gesalzene Cashewkerne
3 EL neutrales Pflanzenöl
5 EL Sojasauce | weißer Pfeffer
8 dünne Schweineschnitzel (à 80 g)
Salz | 1 EL brauner Zucker
2 EL Reisessig (ersatzweise Weißweinessig)
1 TL Speisestärke
Außerdem:
Holzspießchen

Zubereitungszeit: ca. 30 Min.
Garzeit: ca. 10 Min.
Pro Portion: ca. 325 kcal

1 Knoblauch schälen und fein hacken. Möhre schälen, putzen und in streichholzförmige Stifte schneiden. Frühlingszwiebeln putzen, waschen und in Streifen schneiden. Sojabohnensprossen in einem Sieb kalt abbrausen und abtropfen lassen. Cashewkerne grob hacken.

2 1 EL Öl im Wok (oder in einer Pfanne) erhitzen. Knoblauch und Möhre darin 1 Min. unter Rühren anbraten. Frühlingszwiebeln, Sprossen und Nüsse dazugeben und 1 Min. weiterbraten. Mit 2 EL Sojasauce und 1 Prise Pfeffer würzen. Vom Herd nehmen, abkühlen lassen.

3 Die Schnitzel flach klopfen, salzen und die Gemüsemischung darauf verteilen, dann aufrollen und mit Spießchen feststecken. Das restliche Öl in einer Schmorpfanne erhitzen. Die Röllchen darin bei mittlerer Hitze in ca. 3 Min. rundum anbraten. Zucker, Essig, übrige Sojasauce und 100 ml Wasser dazugeben. Zugedeckt bei schwacher Hitze in ca. 10 Min. fertig garen. Die Stärke mit 2 EL kaltem Wasser anrühren und die Sauce damit binden. Die Röllchen mit der Sauce servieren. Mit Reis, Gurkensalat (Seite 103) und Bier ein Festschmaus!

ungewöhnlich Putenröllchen mit Aprikosen-Mandel-Füllung

(im Bild hinten)

Für 4 Personen:
100 g getrocknete Aprikosen
50 g Mandelstifte
4 dünne Putenschnitzel (à 140 g)
Salz | Cayennepfeffer
2 EL neutrales Pflanzenöl
125 ml Gemüsebrühe (Instant)
1 Döschen gemahlener Safran (0,1 g)
200 g stückige Tomaten (aus der Dose)
Außerdem:
Holzspießchen

Zubereitungszeit: ca. 25 Min.
Zeit zum Einweichen: 2 Std.
Garzeit: ca. 15 Min.
Pro Portion: ca. 340 kcal

1 Die Aprikosen 2 Std. in warmem Wasser einweichen, abtropfen lassen und klein würfeln. Die Mandeln in einer Pfanne ohne Fett unter Rühren goldbraun rösten. Die Schnitzel kalt abspülen, trockentupfen und flach klopfen. Mit Salz und Cayennepfeffer würzen. Aprikosen und Mandeln darauf verteilen, die Schnitzel aufrollen und mit Spießchen feststecken.

2 Das Öl in einer Schmorpfanne erhitzen. Die Röllchen darin bei mittlerer Hitze in ca. 5 Min. rundum goldbraun anbraten. Brühe angießen, den Safran unterrühren und die Röllchen zugedeckt bei schwacher Hitze in ca. 15 Min. fertig garen, gelegentlich wenden.

3 Die Putenröllchen herausnehmen und zugedeckt warm halten. Die Tomaten zur Sauce geben und 5 Min. unter Rühren einkochen lassen. Mit Salz und Cayennepfeffer würzen. Die Röllchen mit der Sauce auf vorgewärmte Teller verteilen. Dazu schmecken Couscous (Seite 123) und ein fruchtiger Weißwein.

Herbstgruß Kalbsrouladen mit Kürbis

(im Bild vorne)

Für 4 Personen:
150 g Kürbisfleisch, ohne Fasern und Kerne
1 kleine Zwiebel | 1 Knoblauchzehe
4 EL neutrales Pflanzenöl | 2 EL Pinienkerne
1 kleine getrocknete Chilischote | Salz | Pfeffer
1/2 TL getrockneter Thymian
4 getrocknete Tomaten (in Öl; aus dem Glas)
4 dünne Kalbsschnitzel (à 150 g)
100 ml Gemüsebrühe (Instant)
100 g Crème fraîche
Außerdem:
Rouladennadeln oder Holzspießchen

Zubereitungszeit: ca. 30 Min.
Garzeit: ca. 15 Min.
Pro Portion: ca. 425 kcal

1 Das Kürbisfleisch sehr klein würfeln. Die Zwiebel und den Knoblauch schälen und fein hacken. 2 El Öl in einer Pfanne erhitzen. Zwiebel, Knoblauch und die Pinienkerne darin bei mittlerer Hitze 1 Min. anbraten. Den Kürbis dazugeben, die Chilischote dazubröseln und 5 Min. mitbraten, mit Salz, Pfeffer und Thymian würzen. Abkühlen lassen. Die Tomaten abtropfen lassen, klein würfeln und untermischen.

2 Die Schnitzel flach klopfen (siehe Seite 38/39), leicht salzen und pfeffern. Kürbisfüllung darauf verteilen. Die Schnitzel aufrollen und feststecken. Restliches Öl in der Pfanne erhitzen. Rouladen darin bei mittlerer Hitze in ca. 3 Min. rundum anbraten. Brühe angießen und die Rouladen zugedeckt bei schwacher Hitze in ca. 15 Min. fertig garen. Herausnehmen, warm halten. Crème fraîche unter den Bratensaft rühren, bei starker Hitze 2 Min. einkochen lassen. Sauce salzen und pfeffern und mit den Rouladen auf vorgewärmten Tellern anrichten. Super lecker mit der Kräuterweizenpfanne (Seite 121) und Weißwein.

preiswert Putenschnitzel mit Tomate und Mozzarella

(im Bild vorne)

Für 4 Personen:
2 mittelgroße Strauchtomaten
2 Kugeln Mozzarella (à 125 g)
4 Zweige frischer Oregano (ersatzweise 1 TL getrockneter Oregano)
4 Putenschnitzel (à 140 g)
Salz / Pfeffer
2 EL neutrales Pflanzenöl

Zubereitungszeit: ca. 25 Min.
Pro Portion: ca. 335 kcal

1 Die Tomaten waschen und in dünne Scheiben schneiden, dabei die Stielansätze entfernen. Zum Abtropfen auf Küchenpapier legen. Den Mozzarella in Scheiben schneiden und ebenfalls auf Küchenpapier legen. Den Oregano waschen und trockenschütteln, die Blätter abzupfen und grob hacken.

2 Die Schnitzel kalt abspülen, trockentupfen, salzen und pfeffern. Das Öl in einer Pfanne erhitzen. Die Schnitzel darin bei mittlerer Hitze von jeder Seite 2 Min. braten.

3 Die Tomatenscheiben dachziegelartig auf die Schnitzel in der Pfanne legen. Mit Salz und Pfeffer würzen und den Oregano darauf verteilen. Mit den Mozzarellascheiben abdecken. Zugedeckt in ca. 5 Min. schmelzen lassen.

Tauschbörse

Statt Mozzarella können Sie auch 1 Rolle **Ziegenweichkäse** (150 g) nehmen: Einfach in dünne Scheiben schneiden und die Schnitzel damit wie beschrieben überbacken. Tolle Alternativen zu Oregano sind frische **Minze** oder **Zitronenthymian.**

50er-Jahre-Klassiker Schnitzel »Hawaii«

(im Bild hinten)

Für 4 Personen:
2 EL Mehl
4 Schweineschnitzel (à 120 g)
Salz / Pfeffer
4 Scheiben Ananas (aus der Dose)
2 EL neutrales Pflanzenöl
4 Scheiben junger Gouda
4 Cocktailkirschen

Zubereitungszeit: ca. 20 Min.
Pro Portion: ca. 350 kcal

1 Das Mehl auf einen Teller geben. Die Schnitzel salzen und pfeffern, in dem Mehl wenden und den Überschuss abklopfen. Die Ananasscheiben gut abtropfen lassen.

2 Das Pflanzenöl in einer Pfanne erhitzen. Die Schnitzel darin bei mittlerer Hitze von jeder Seite 3–4 Min. braten.

3 Auf jedes Schnitzel 1 Scheibe Ananas und 1 Scheibe Gouda legen. Die Schnitzel zugedeckt bei schwacher Hitze weiterbraten, bis der Käse geschmolzen ist. Jeweils mit 1 Cocktailkirsche garnieren. Mit körnigem Reis oder knusprigem Weißbrot servieren.

Luxusvariante mit Biss

Besonders fein schmecken die Hawaii-Schnitzel, wenn Sie 4 Scheiben **frische Ananas** in 50 g grob gehackten **Cashewkernen** wenden und in einer zweiten Pfanne in 2 EL Öl von jeder Seite 2 Min. braten. Auf die gebratenen Schnitzel legen und mit Käse überbacken.

sommerlich Putenschnitzel mit Pfirsich

Für 4 Personen:
2 große reife Pfirsiche (ersatzweise 4 Pfirsichhälften aus der Dose)
2 EL Mehl | 4 Putenschnitzel (à 140 g)
Salz | Pfeffer | 2 EL neutrales Pflanzenöl
100 g geraspelter Gratinkäse (ersatzweise 4 Scheiben junger Gouda)
2 EL Mandelblättchen

Zubereitungszeit: ca. 30 Min.
Pro Portion: ca. 375 kcal

1 Die Pfirsiche mit kochend heißem Wasser überbrühen und häuten. Die Pfirsiche halbieren, den Stein entfernen (Dosenpfirsiche abtropfen lassen) und in Spalten schneiden.

2 Den Ofen auf 200° vorheizen. Das Mehl auf einen Teller geben. Die Schnitzel kalt abspülen und mit Küchenpapier trockentupfen. Salzen und pfeffern, im Mehl wenden und den Überschuss abklopfen. Das Öl in einer Pfanne erhitzen. Die Schnitzel darin bei mittlerer Hitze von jeder Seite 2 Min. anbraten.

3 Die Schnitzel nebeneinander in eine feuerfeste Form geben. Die Pfirsichspalten dachziegelartig auf die Schnitzel legen, den Käse und die Mandelblättchen darüber streuen. Im heißen Backofen (oben, Grill) in ca. 5 Min. goldbraun überbacken.

Italo-Variante

Belegen Sie die gebratenen Schnitzel mit je 1/2 Scheibe **Parmaschinken,** 1–2 reifen, geschälten und in Scheiben geschnittenen **Feigen** und überbacken Sie das Ganze mit zart schmelzendem **Fontinakäse.**

macht was her **Schnitzel mit Birne und Camembert**

Für 4 Personen:
2 große reife Birnen | 2 EL Zitronensaft
2 EL Mehl | 4 Schweineschnitzel (à 140 g)
Salz | Pfeffer | 2 EL neutrales Pflanzenöl
200 g Camembert
1 Bund krause Petersilie
4 EL Preiselbeeren (aus dem Glas)
Außerdem:
neutrales Pflanzenöl zum Frittieren

Zubereitungszeit: ca. 40 Min.
Pro Portion: ca. 505 kcal

1 Die Birnen vierteln und schälen, dabei die Stielansätze und Kerngehäuse entfernen. Die Viertel im dicken Teil fächerartig einschneiden, sofort mit Zitronensaft beträufeln.

2 Den Backofen auf 200° vorheizen. Das Mehl auf einen Teller geben. Die Schweineschnitzel salzen, pfeffern und im Mehl wenden, den Überschuss abklopfen. Das Öl in einer Pfanne erhitzen. Die Schnitzel darin bei mittlerer Hitze von jeder Seite 2 Min. anbraten.

3 Die Schnitzel nebeneinander in eine feuerfeste Form legen. Je 2 Birnenfächer auf 1 Schnitzel geben. Den Käse in dünne Scheiben schneiden und darüber verteilen. Im heißen Ofen (Mitte, Umluft 180°) 10–12 Min. überbacken.

4 Inzwischen in einem Topf oder einer Fritteuse Öl zum Frittieren erhitzen. Von der Petersilie die dicken Stiele entfernen. Je 1 Hand voll Petersilienzweiglein ins heiße Öl werfen (Vorsicht, es schäumt auf und kann spritzen!) und darin portionsweise in ca. 45 Sek. kross frittieren. Mit einem Schaumlöffel herausheben und auf Küchenpapier entfetten.

5 Die Schnitzel mit je 1 EL Preiselbeeren und etwas frittierter Petersilie garniert servieren. Endivien-Möhren-Salat (Seite 107) und ein fruchtiger Rosé machen das Ganze rund.

für »Ahs« und »Ohs« Kalbsschnitzel mit Spargel

(im Bild hinten)

Für 4 Personen:
8 Stangen weißer Spargel (ca. 600 g)
Salz | Zucker | 20 g Butter
1 EL Mehl | 250 g saure Sahne
1 Döschen Safranfäden (0,1 g)
1 Eigelb | Cayennepfeffer
1 EL Zitronensaft
4 Kalbsschnitzel (à 140 g)
30 g Butterschmalz

Zubereitungszeit: ca. 45 Min.
Pro Portion: ca. 330 kcal

1 Den Spargel schälen, die trockenen Enden abschneiden. Die Stangen quer halbieren. In einem flachen Topf ca. 5 cm hoch Wasser mit je 1/2 TL Salz und Zucker und der Hälfte der Butter zum Kochen bringen. Den Spargel darin bei schwacher Hitze in 15 Min. knapp gar kochen. Herausheben und auf Küchenpapier abtropfen lassen.

2 Inzwischen die restliche Butter mit dem Mehl verkneten. 200 g saure Sahne und den Safran in einen Topf geben und zum Kochen bringen. Die Mehlbutter in Flöckchen unterziehen und unter ständigem Rühren 10 Min. leise kochen lassen. Das Eigelb mit der restlichen sauren Sahne verquirlen, untermischen und den Topf vom Herd nehmen. Mit Salz, Cayennepfeffer und Zitronensaft kräftig abschmecken.

3 Den Ofen auf 220° vorheizen. Die Schnitzel salzen. Das Butterschmalz in einer Pfanne erhitzen. Schnitzel darin bei mittlerer Hitze von jeder Seite 2 Min. anbraten. Nebeneinander in eine feuerfeste Form legen. Den Spargel darauf verteilen und die Safransauce gleichmäßig darüber geben. Im heißen Ofen (oben, Grill) in 5–6 Min. goldbraun überbacken. Mit Petersilienkartoffeln und einem trockenen Weißwein ein Genuss!

edel Rehschnitzel mit Walnusskruste

(im Bild vorne)

Für 4 Personen:
40 g Butter | 2 Scheiben Toastbrot
40 g Walnusskerne
10 weiße Pfefferkörner
5 Wacholderbeeren
1/2 TL getrockneter Thymian
4 Rehschnitzel (à 120 g)
120 g Gorgonzola
2 EL neutrales Pflanzenöl | Salz
200 ml Wildfond (aus dem Glas)

Zubereitungszeit: ca. 50 Min.
Pro Portion: ca. 480 kcal

1 Die Butter würfeln und ins Tiefkühlfach stellen. Den Toast entrinden, klein würfeln. Die Walnusskerne grob hacken. Brot und Nüsse bei schwacher Hitze in einer Pfanne ohne Fett unter Rühren rösten, bis es duftet. Abkühlen lassen.

2 Pfefferkörner, Wacholderbeeren und Thymian zusammen im Mörser sehr fein zerstoßen. Die Schnitzel damit würzen. Den Gorgonzola zerkleinern und mit der Nussmischung vermengen.

3 Den Ofen auf 200° vorheizen. Das Öl in einer Pfanne erhitzen. Die Schnitzel darin bei mittlerer Hitze von jeder Seite 2 Min. braten. Salzen und nebeneinander in eine feuerfeste Form legen. Die Gorgonzola-Nuss-Mischung jeweils mittig darauf geben und im heißen Backofen (Mitte, Umluft 180°) ca. 10 Min. schmelzen lassen.

4 Den Fond in die Pfanne gießen und bei starker Hitze auf die Hälfte einkochen lassen. Vom Herd nehmen, die Butter mit einem Schneebesen zügig unterrühren. Die Sauce zu den überbackenen Rehschnitzeln servieren. Dazu schmecken das Kartoffel-Birnen-Gratin (Seite 113) und ein trockener Rotwein.

für Feinschmecker

Kalbsschnitzel mit Parmesanstreuseln

Für 4 Personen:
100 g Mehl
40 g Parmesan, frisch gerieben
2 EL Pinienkerne
1 Zweig frischer Rosmarin
1 Ei / 50 g kalte Butter
2 EL neutrales Pflanzenöl
4 kleine, doppelt dick geschnittene Kalbsschnitzel (à 160 g)
Salz / Pfeffer

Zubereitungszeit: ca. 30 Min.
Backzeit: ca. 15 Min.
Pro Portion: ca. 490 kcal

1 Das Mehl auf die Arbeitsfläche sieben. Den Parmesan und die Pinienkerne dazugeben. Den Rosmarin waschen und trockenschütteln, die Nadeln fein hacken und ebenfalls dazugeben. Das Ei trennen, das Eiweiß beiseite stellen, das Eigelb zum Mehl geben. Die Butter in Flöckchen dazugeben und alles zu krümeligen Streuseln vermengen.

2 Den Backofen auf 200° vorheizen. Eine feuerfeste Form mit etwas Öl auspinseln. Das restliche Öl in einer Pfanne erhitzen. Die Schnitzel salzen, pfeffern und darin bei mittlerer Hitze von jeder Seite 1 Min. anbraten.

3 Die Schnitzel nebeneinander in die Form legen. Die Oberfläche mit etwas Eiweiß einpinseln und die Parmesanstreusel darauf verteilen. Die Schnitzel im heißen Backofen (Mitte, Umluft 180°) ca. 15 Min. backen, bis die Parmesanstreusel goldbraun und knusprig sind. Feine Schnitzel-Begleiter: Blattspinat oder Tomatensalat und ein trockener Weißwein.

Kräutergruß aus der Provence

Lammschnitzel mit Ratatouille

Für 4 Personen:
2 kleine Auberginen | 2 große Zucchini
Salz | 2 Zwiebeln | 4 Knoblauchzehen
je 2 rote und gelbe Paprikaschoten
6 EL Olivenöl | Pfeffer
200 g stückige Tomaten (aus der Dose)
je 2 Zweige Thymian, Rosmarin und Lavendel (ersatzweise 1 EL getrocknete Kräuter der Provence)
8 Lammschnitzel (à 70 g)

Zubereitungszeit: ca. 40 Min.
Schmorzeit: ca. 30 Min.
Pro Portion: ca. 370 kcal

1 Auberginen und Zucchini waschen, putzen und in ca. 2 cm große Stücke schneiden. Auberginen in ein Sieb geben und mit Salz bestreuen. Zwiebeln schälen, längs halbieren und in schmale Spalten schneiden. Knoblauch schälen und in Scheiben schneiden. Paprika halbieren, putzen, waschen, in mundgerechte Stücke schneiden.

2 Den Backofen auf 180° vorheizen. Auberginen ausdrücken und mit Küchenpapier trockentupfen. 2 EL Öl in einer großen Pfanne erhitzen. Auberginen darin bei starker Hitze 4–5 Min. unter Wenden anbraten. In eine feuerfeste Form füllen. 1 weiteren EL Öl in der Pfanne erhitzen. Die Zucchini darin 3–4 Min. braten, salzen und pfeffern. Ebenfalls in die Form füllen. 1 weiteren EL Öl erhitzen. Zwiebeln und Knoblauch darin 2 Min. anbraten, dann die Paprikastücke dazugeben und 3 Min. mitbraten. Tomaten unterrühren, salzen und pfeffern. Alles in der Form vermengen. Kräuter waschen, trockenschütteln und untermischen.

3 Die Schnitzel salzen und pfeffern. Die Pfanne mit Küchenpapier auswischen, restliches Öl darin erhitzen. Schnitzel darin bei mittlerer Hitze von jeder Seite 1 Min. anbraten, dann zwischen dem Gemüse verteilen. Im heißen Ofen (Mitte, Umluft 160°) ca. 30 Min. schmoren. Klassisch provenzalisch dazu: Weißbrot und Rotwein.

Geschnetzelt & aufgespießt

Schnitzeleien mal anders

Schnitzel können Sie natürlich nicht nur im Ganzen braten, sondern daraus auch im Nu ein leckeres Geschnetzeltes zaubern – ob mild oder pikant, ob orientalisch fruchtig oder asiatisch scharf, die Möglichkeiten sind schier grenzenlos. Ebenfalls eine gute Wahl sind Spieße: Schnitzelfleischstreifen, am besten vorher mariniert, mit Zwiebeln, Pilzen, Gemüsestücken oder Früchten auf geölte Spieße stecken – und ab damit in die Pfanne.

Der perfekte Schnitt

Schneiden Sie das Fleisch immer quer zur Faser, dann wird Ihr Schnitzel saftig und weich. Das Gleiche gilt für Schnetzelfleisch und Fleischstreifen für Spieße. Haben Sie mal Schnitzel von einem etwas weniger zarten Stück erwischt, legen Sie sie in eine Marinade ein (Rezepte Seite 12), das macht das Fleisch mürbe. Zudem ist dies eine gute Methode, Fleisch für 2–3 Tage zu konservieren (in einer Tupperdose im Kühlschrank), wenn Sie es nicht gleich verwenden können.

Schnitzel auf Vorrat

Nutzen Sie günstige Angebote Ihres Metzgers und frieren Sie, was Sie nicht gleich verbrauchen, ein. Wer geschickt mit dem Messer umgehen kann, kauft auch mal – sehr viel preisgünstiger – eine ganze Putenbrust, Rehkeule, Kalbsoberschale oder Nuss (ebenfalls ein besonders zarter Teil der Kalbskeule) und schneidet seine Schnitzel selbst. Packen Sie die Schnitzelmenge, die Sie üblicherweise brauchen, in Frischhaltefolie ein und beschriften Sie diese mit Datum, Anzahl und Gewicht. Wer regelmäßig einfriert, für den lohnt sich evtl. ein Vakuumiergerät – dann hat Gefrierbrand keine Chance mehr!
Ein Trick, wenn es mit dem Auftauen mal schnell gehen muss: Packen Sie die Schnitzel einzeln flach ein, so tauen sie schneller wieder auf. Bitte nur im äußersten Notfall in der Mikrowelle, besser über Nacht schonend und langsam im Kühlschrank auftauen lassen.

Gar nicht spießig

Auf den Seiten 96 bis 103 finden Sie Rezepte für Spieße aus Schnitzelfleisch. Betrachten Sie diese als Anregungen, denn im Prinzip können Sie die Fleischstreifen nach Lust und Laune mit allen möglichen Gemüse und Früchten immer wieder neu kombinieren. Wichtig: Schneiden Sie alle Zutaten in etwa gleich große Stücke, so dass die Spieße gut in der Pfanne aufliegen und gleichmäßig garen. Für große Feste mit vielen Gästen (siehe auch Seite 51) können Sie eine größere Anzahl Spieße auch auf dem Backblech unter dem Backofengrill zubereiten.

Feine Glasuren für Spieße

Eine süß-pikante Note und einen schönen Glanz bekommen Ihre Spieße durch Glasuren: Für eine **Aprikosenglasur** für 4 Spieße 2 EL Aprikosenmarmelade mit 2 EL Brandy, 1 Prise Salz und 1 EL Öl verrühren. Die Spieße in 2 EL heißem Öl bei mittlerer Hitze 2 Min. anbraten. Einmal wenden und mit der Glasur bestreichen. Die Spieße weitere 6–8 Min. braten, dabei noch dreimal wenden und immer wieder mit der Glasur bestreichen. Besonders fein zu orientalisch gewürzten Puten- oder Hähnchenspießen mit Paprikaschoten und Frühlingszwiebeln.
Für eine **Barbecue-Glasur** für 4 Spieße 2 EL Tomatenmark mit 1–2 TL braunem Zucker, 1 Msp. Sambal oelek, 1 Prise Salz, 4 EL Orangensaft (ersatzweise 3 EL Wasser + 1 EL Zitronensaft) und 2 EL Öl verrühren. Passt gut zu deftigen Schweinefleischspießen.

scharf und knackig **Asia-Salat mit Sesam-Sticks**

Für 4 Personen:
Für den Salat:
250 g Chinakohl
je 1 rote, grüne und gelbe Paprikaschote
75 g frische Sojabohnensprossen
1 Bund Frühlingszwiebeln
1 große rote Chilischote (ca. 12 cm)
1 Bund Thai-Basilikum (Asienladen; ersatzweise frische Minze)
Saft von 1 Limette / 4 EL Sojasauce
Zucker / weißer Pfeffer
1 Knoblauchzehe
4 EL neutrales Pflanzenöl
Für die Sticks:
100 g Sesamsamen
2 dick geschnittene Schweineschnitzel (à 200 g)
Salz / Pfeffer
4 EL neutrales Pflanzenöl
Außerdem:
Sojasauce zum Beträufeln

Zubereitungszeit: ca. 45 Min.
Pro Portion: ca. 465 kcal

1 Den Chinakohl putzen, waschen und in Streifen schneiden. Die Paprikaschoten halbieren, putzen, waschen und in feine Streifen schneiden. Die Sojabohnensprossen in einem Sieb kalt abbrausen und abtropfen lassen. Die Frühlingszwiebeln putzen, waschen und mit dem zarten Grün in schräge Scheiben schneiden. Alles in einer Schüssel vermischen.

2 Die Chilischote (siehe Tipp) waschen, putzen und in feine Ringe schneiden. Das Basilikum waschen und trockenschütteln, die Blätter abzupfen und grob hacken. Mit der Chilischote unter den Salat mischen.

3 Den Limettensaft mit der Sojasauce, jeweils 1 Prise Zucker und weißem Pfeffer verrühren. Die Knoblauchzehe schälen und dazupressen. Das Öl unterrühren und die Sauce mit den Salatzutaten mischen. Den Salat ziehen lassen, bis die Sesam-Sticks fertig sind.

4 Den Sesam auf einen Teller geben. Die Schnitzel jeweils quer in 6 längliche Stücke schneiden. Salzen und pfeffern, die Stücke in den Sesamsamen wälzen, leicht andrücken.

5 Das Öl in einer Pfanne erhitzen. Die Sesam-Sticks darin bei mittlerer Hitze von jeder Seite in 2–3 Min. goldbraun braten. Herausnehmen und auf Küchenpapier entfetten.

6 Den Asia-Salat auf vier Salatschalen verteilen. Jeweils 3 Sesam-Sticks darauf anrichten und sofort servieren. Sojasauce zum Nachwürzen bereitstellen. Lecker mit kühlem Bier.

Clever genießen

Keine Sorge wegen der großen **Chilischote,** die ist weniger scharf als die kleinen. Generell gilt: Wer es nicht allzu scharf liebt, entfernt Kerne und weiße Trennwände, denn in ihnen steckt ein Großteil der Schärfe. Sie können die Chilischote natürlich auch ganz weglassen.

Clever aufs Büfett

Die Sesam-Sticks eignen sich auch als leckeres Fingerfood fürs kalte Büfett. Servieren Sie sie doch mit einem feurigen **Limetten-Chili-Dip:** 1 Knoblauchzehe und 1 walnussgroßes Stück Ingwer schälen und sehr fein hacken. 1–2 kleine grüne Thai-Chilischoten (Asienladen) waschen, putzen und sehr fein hacken. Den Saft von 1 Limette mit 1 TL Zucker und 2 EL Sojasauce verrühren. Ingwer, Knoblauch und Chilis unterrühren. 2 Stängel Koriandergrün waschen und trockenschütteln, die Blätter grob hacken und untermischen. Nach Belieben können Sie noch 50 g grob gehackte geröstete **Cashewkerne** oder **Erdnüsse** unter den Salat mischen.

italienisch Spaghettisalat mit Kalbfleisch

(im Bild hinten)

Für 4 Personen:
2 Kalbsschnitzel (à 120 g)
200 g Austernpilze
Salz / 250 g Spaghetti
2 EL neutrales Pflanzenöl
Pfeffer / 1 Bund Rucola
150 g Kirschtomaten
3 EL weißer Aceto balsamico
2 EL Olivenöl

Zubereitungszeit: ca. 30 Min.
Marinierzeit: 1 Std.
Pro Portion: ca. 405 kcal

1 Für die Spaghetti 3 l Wasser zum Kochen bringen. Die Schnitzel längs halbieren und quer in Streifen schneiden. Die Pilze putzen, trocken abreiben, die Stiele entfernen, die Kappen in mundgerechte Stücke schneiden.

2 Das Wasser salzen und die Spaghetti darin nach Packungsanweisung bissfest garen.

3 Inzwischen 1 EL Öl in einer Pfanne erhitzen. Das Fleisch darin bei mittlerer Hitze unter Wenden 3–4 Min. braten. Salzen, pfeffern und herausnehmen. Das restliche Öl in der Pfanne erhitzen. Die Pilze darin bei starker Hitze in 3–4 Min. goldbraun braten, salzen und pfeffern. Fleisch und Pilze etwas abkühlen lassen.

4 Die Spaghetti abgießen, kalt abschrecken und gut abtropfen lassen. Die Rucola waschen und trockenschütteln, die Stiele entfernen und die Blätter grob zerzupfen. Die Tomaten waschen und halbieren. Essig, Salz, Pfeffer und Olivenöl in einer Salatschüssel verrühren. Spaghetti, Fleisch, Pilze, Rucola und Tomaten untermischen. Vor dem Servieren bei Zimmertemperatur 1 Std. ziehen lassen.

fruchtig Curryhähnchensalat mit Ananas

(im Bild vorne)

Für 6 Personen:
4 kleine Hähnchenbrustfilets (à 120 g)
2 EL Madras-Currypulver (Asienladen)
1 EL Sesamöl / 1 kleine Ananas
6 EL Orangenlikör (siehe Tipp)
2 EL neutrales Pflanzenöl / Salz
1 kleiner Staudensellerie / 100 g Crème fraîche
100 g Salatmayonnaise (30 % Fett)
1 EL mittelscharfer Senf

Zubereitungszeit: ca. 35 Min.
Pro Portion: ca. 345 kcal

1 Das Fleisch kalt abspülen, trockentupfen, längs halbieren und quer in Streifen schneiden. Mit 1 EL Currypulver und dem Sesamöl vermischen und zugedeckt 10 Min. ziehen lassen. Inzwischen die Ananas schälen, den Strunk entfernen, das Fruchtfleisch in kleine Stückchen schneiden. Mit Orangenlikör beträufeln.

2 Das Öl in einer Pfanne erhitzen. Das Hähnchenfleisch darin bei mittlerer Hitze unter gelegentlichem Wenden in 5–6 Min. goldbraun braten. Salzen und etwas abkühlen lassen.

3 Den Sellerie waschen, putzen und in Scheiben schneiden. Crème fraîche, Mayonnaise, Senf und restliches Currypulver in einer Schüssel verrühren. Ananas samt Likör, Hähnchenstreifen und Sellerie hinzufügen. Alles gut vermengen. Dazu schmecken knuspriges Weißbrot und Pils.

Clever zubereiten

Frische **Ananas** enthält Enzyme, die das Eiweiß in Milchprodukten verändern und bald bitter schmecken lassen. Alkohol stoppt diesen Prozess. Wenn Sie den Salat frisch zubereiten und sofort servieren oder Ananas aus der Dose verwenden, können Sie den **Orangenlikör weglassen.**

gelingt leicht Reissalat mit Shrimps und Schwein

(im Bild hinten)

Für 4 Personen:
250 g Langkornreis / Salz
2 Schweineschnitzel (à 150 g)
5 EL neutrales Pflanzenöl
Pfeffer
3 EL Weißweinessig
1 TL mittelscharfer Senf
2 gelbe Paprikaschoten
1 Bund Frühlingszwiebeln
250 g Kirschtomaten
150 g Shrimps (in Salzlake)

Zubereitungszeit: ca. 40 Min.
Marinierzeit: 1 Std.
Pro Portion: ca. 490 kcal

1 Den Reis nach Packungsanweisung in Salzwasser kochen, in ein Sieb abgießen, kalt abbrausen und abkühlen lassen.

2 Inzwischen die Schnitzel längs halbieren und quer in ca. 1/2 cm breite Streifen schneiden. 2 EL Öl in einer Pfanne erhitzen. Die Fleischstreifen darin bei mittlerer Hitze unter gelegentlichem Wenden in ca. 5 Min. goldbraun braten. Salzen und pfeffern.

3 In einer Salatschüssel 1/2 TL Salz, den Essig und den Senf verrühren, das restliche Öl unterschlagen. Die Paprikaschoten halbieren, putzen, waschen und in kleine Würfel schneiden. Die Frühlingszwiebeln putzen, waschen und mit dem zarten Grün in feine Ringe schneiden. Die Tomaten waschen und vierteln. Alles mit der Salatsauce vermischen.

4 Die Shrimps abgießen und abtropfen lassen. Shrimps, Reis und gebratene Schweinefleischstreifen unter den Salat mischen und vor dem Servieren 1 Std. ziehen lassen.

farbenfroh Salatteller mit gebratenen Putenstreifen

(im Bild vorne)

Für 4 Personen:
2 Putenschnitzel (à 150 g)
Cayennepfeffer / 2 Knoblauchzehen
1 EL Sesamöl / 1 Kopf Bataviasalat
1 kleiner Kopf Radicchio
1 kleine Salatgurke
1 rote Paprikaschote
4 EL Mais (aus der Dose)
2 EL neutrales Pflanzenöl / Salz / 1 EL Honig
2 EL Himbeeressig (ersatzweise Rotweinessig)
3 EL Olivenöl

Zubereitungszeit: ca. 25 Min.
Pro Portion: ca. 300 kcal

1 Das Fleisch kalt abspülen, trockentupfen, längs halbieren und quer in ca. 1/2 cm breite Streifen schneiden. Mit Cayennepfeffer würzen. Den Knoblauch schälen, hacken und mit dem Sesamöl unter das Fleisch mischen.

2 Bataviasalat und Radicchio putzen, waschen, trockenschleudern bzw. -schütteln und in mundgerechte Stücke zupfen. Auf vier große Teller verteilen. Die Gurke schälen, längs halbieren, die Kerne herauskratzen, die Gurkenhälften quer in Halbmonde schneiden. Die Paprikaschote vierteln, putzen, waschen und quer in Streifen schneiden. Gurke und Paprika auf den Salaten verteilen. Jeweils 1 EL Mais darüber streuen.

3 2 EL Öl in einer Pfanne erhitzen. Das Fleisch darin bei mittlerer Hitze unter Wenden 4 Min. braten. Salzen, den Honig unterrühren. 1–2 Min. weiterbraten, bis das Fleisch goldbraun ist.

4 Essig, Salz und Olivenöl verrühren und die Salate damit beträufeln. Die warmen Putenstreifen darauf anrichten. Mit knusprigem Weißbrot servieren.

heiß geliebter Klassiker

Zürcher Geschnetzeltes mit Rösti

Für 4 Personen:
Für die Rösti:
4 große vorwiegend fest kochende Kartoffeln (ca. 800 g)
Salz
Muskatnuss, frisch gerieben
50 g Butterschmalz
Für das Geschnetzelte:
4 Kalbsschnitzel (à 140 g)
2 Schalotten
400 g Champignons
weißer Pfeffer
3 EL neutrales Pflanzenöl
100 ml Weißwein
200 g Sahne
Außerdem:
1/2 Bund Petersilie

Zubereitungszeit: ca. 1 Std.
Garzeit (Kartoffeln): ca. 15 Min.
Kühlzeit: ca. 2 Std.
Pro Portion: ca. 620 kcal

1 Die Kartoffeln waschen und in einem Topf mit Wasser bedeckt in ca. 15 Min. knapp gar kochen, abgießen und in ca. 2 Std. vollständig abkühlen lassen.

2 Für das Geschnetzelte die Kalbsschnitzel längs halbieren und quer in ca. 1/2 cm breite Streifen schneiden. Die Schalotten schälen und sehr fein hacken. Die Champignons putzen, mit Küchenpapier trocken abreiben und in Scheiben schneiden.

3 Die Kartoffeln pellen und grob raspeln. Mit Salz und Muskat würzen.

4 2 EL Öl in einer Schmorpfanne erhitzen. Das Fleisch darin bei starker Hitze unter gelegentlichem Wenden 4 Min. anbraten. Salzen und pfeffern, herausnehmen und zugedeckt warm halten.

5 Das restliche Öl in der Pfanne erhitzen. Die Schalotten und Pilze darin bei starker Hitze 3 Min. anbraten. Mit dem Wein ablöschen, 3 Min. einkochen lassen. Das Fleisch wieder untermischen und die Sahne angießen. Einmal kurz aufkochen lassen und halb zugedeckt bei mittlerer Hitze in ca. 10 Min. cremig einkochen lassen.

6 In einer zweiten Pfanne (am besten einer guten Eisenpfanne) das Butterschmalz erhitzen. Jeweils 2 EL der Kartoffelmasse hineingeben und flach drücken, so dass kleine Rösti entstehen. Die Rösti bei mittlerer Hitze von jeder Seite in ca. 3 Min. goldbraun braten. Herausnehmen und auf Küchenpapier entfetten.

7 Die Petersilie waschen und trockenschütteln, die Blätter abzupfen und fein schneiden. Das Geschnetzelte mit Salz, Pfeffer und 1 Prise Muskatnuss abschmecken. Mit jeweils 1–2 Rösti auf vorgewärmten Tellern anrichten und mit etwas Petersilie bestreuen. Knackiger Kopfsalat und ein fruchtiger Weißwein komplettieren den Schnitzel-Evergreen.

Besonders clever!

*Achten Sie darauf, die **Kartoffeln** für die Rösti nicht zu weich zu garen! Sie können sie auch gerne schon am Vortag kochen und bis zur Verwendung im Kühlschrank aufbewahren. Für **superknusprige Rösti** nimmt manch Schweizer Chefkoch übrigens halb Öl, halb Schweineschmalz zum Braten.*

brasilianisch inspiriert
Putengeschnetzeltes mit Mango

Für 4 Personen:
4 Putenschnitzel (à 120 g)
2 Knoblauchzehen
1–2 große rote Chilischoten
1 gehäufter TL brauner Zucker (ersatzweise weißer Zucker)
1 große reife Mango
1 Bund Frühlingszwiebeln
2 EL neutrales Pflanzenöl | Salz
4 EL Mangochutney (aus dem Glas)
Saft von 1 Limette
Cayennepfeffer

Zubereitungszeit: ca. 30 Min.
Pro Portion: ca. 225 kcal

1 Das Fleisch kalt abspülen, trockentupfen, längs halbieren und quer in schmale Streifen schneiden. Den Knoblauch schälen und fein hacken. Die Chilischoten waschen, putzen und in feine Ringe schneiden. Knoblauch, Chilischoten und Zucker mit dem Fleisch mischen.

2 Die Mango schälen, das Fruchtfleisch vom Stein lösen und in ca. 1 cm große Würfel schneiden. Die Frühlingszwiebeln putzen, waschen und mit dem zarten Grün schräg in ca. 1/2 cm dicke Scheiben schneiden.

3 Das Öl in einer Schmorpfanne erhitzen. Die Schnitzelstreifen darin bei starker Hitze unter mehrfachem Wenden 3–4 Min. anbraten und salzen. Die Mangowürfel, das Mangochutney und die Frühlingszwiebeln unterrühren und bei mittlerer Hitze 2 Min. mitgaren. Den Limettensaft hinzufügen. Mit Salz und Cayennepfeffer abschmecken. Gute Begleiter: Langkornreis und ein trockener Weißwein.

thailändisch scharf **Hähnchenfleisch mit Erdnusssauce**

Für 4 Personen:
2 große Hähnchenbrustfilets (à 150 g)
4 EL Fischsauce (Asienladen)
2 Knoblauchzehen
1 rote Paprikaschote
100 g Zuckerschoten
150 g Bambussprossen (aus dem Glas)
1/4 l ungesüßte Kokosmilch (aus der Dose; nicht geschüttelt)
1–2 TL rote Thai-Currypaste
2 EL Erdnussbutter
2 EL helle Sojasauce
1–2 EL Zitronensaft / Zucker
50 g geröstete, gesalzene Erdnüsse

Zubereitungszeit: ca. 30 Min.
Pro Portion: ca. 405 kcal

1 Das Hähnchenfleisch kalt abspülen, mit Küchenpapier trockentupfen, längs halbieren und quer in sehr feine Streifen schneiden. Mit 2 EL Fischsauce mischen.

2 Den Knoblauch schälen und fein hacken. Die Paprikaschote putzen, waschen und in feine Streifen schneiden. Die Zuckerschoten waschen, putzen und schräg in ca. 1 cm breite Stücke schneiden. Die Bambussprossen in ein Sieb abgießen, kalt abbrausen und abtropfen lassen.

3 2 EL vom dickflüssigen oberen Teil der Kokosmilch im Wok (oder in einer Schmorpfanne) erhitzen. Die Currypaste hinzufügen und darin 1 Min. anbraten. Knoblauch und Fleisch hinzufügen und bei starker Hitze 3 Min. unter Rühren braten. Paprika, Zuckerschoten und Bambussprossen dazugeben und 1 Min. mitbraten.

4 Die restliche Kokosmilch angießen, die Erdnussbutter unterrühren. Bei starker Hitze 2 Min. einkochen lassen. Mit der restlichen Fischsauce, Sojasauce, Zitronensaft und Zucker abschmecken. Vor dem Servieren die Erdnüsse grob hacken und darüber streuen. Dazu schmecken Basmatireis und Bier.

fruchtig-pikant Ingwer-Geschnetzeltes

(im Bild hinten)

Für 4 Personen:
4 Schweineschnitzel (à 120 g)
2 Knoblauchzehen
1 Stück frischer Ingwer (ca. 100 g)
1 unbehandelte Orange
1 Bund Frühlingszwiebeln
3 EL neutrales Pflanzenöl
Salz | Pfeffer
1 Bund Koriandergrün

Zubereitungszeit: ca. 30 Min.
Pro Portion: ca. 225 kcal

1 Die Schnitzel längs halbieren und quer in ca. 1/2 cm breite Streifen schneiden. Den Knoblauch schälen und fein hacken. Den Ingwer schälen, erst in Scheiben, dann in streichholzförmige Stifte schneiden.

2 Die Orange heiß waschen und abtrocknen. Die Orangenschale abraspeln (am besten mit einem Zestenreißer) und den Saft auspressen. Die Frühlingszwiebeln putzen, waschen und mit dem zarten Grün in schräge Scheiben schneiden.

3 Das Öl im Wok (oder in einer Pfanne) erhitzen. Den Knoblauch darin kurz anbraten. Das Fleisch hinzufügen und bei starker Hitze unter Rühren 3 Min. braten, salzen und pfeffern. Den Ingwer hinzufügen und 2 Min. mitbraten. Orangenzesten, Orangensaft und Frühlingszwiebeln unterrühren und alles bei mittlerer Hitze 2 Min. leise kochen lassen.

4 Das Koriandergrün waschen und trockenschütteln, die Blätter abzupfen und grob hacken. Vor dem Servieren unter das Ingwer-Geschnetzelte mischen. Dazu Reis und Bier oder Bandnudeln und Rotwein – Sie haben die Wahl.

schnell aus dem Vorrat Putencurry mit Mandelreis

(im Bild vorne)

Für 4 Personen:
200 g Langkornreis | Salz | 50 g Mandelblättchen
4 Putenschnitzel (à 120 g) | 1 große Zwiebel
1 Dose Pfirsiche (425 g Füllgewicht)
2 EL neutrales Pflanzenöl
2 EL Madras-Currypulver (Asienladen)
100 g Sahne

Zubereitungszeit: ca. 25 Min.
Pro Portion: ca. 565 kcal

1 Reis nach Packungsanweisung in Salzwasser kochen. Mandelblättchen bei schwacher Hitze in einer Pfanne ohne Fett goldbraun rösten.

2 Das Fleisch kalt abspülen, trockentupfen, längs halbieren und quer in ca. 1/2 cm breite Streifen schneiden. Die Zwiebel schälen und hacken. Die Pfirsiche abgießen, dabei den Saft auffangen. Die Pfirsiche in ca. 1 cm große Würfel schneiden.

3 Das Öl im Wok (oder in einer Schmorpfanne) erhitzen. Die Zwiebel darin bei mittlerer Hitze in 3–4 Min. goldbraun anbraten. Das Currypulver dazugeben und 1 Min. mitbraten. Das Fleisch hinzufügen und unter Wenden 3 Min. braten, salzen. Mit 50 ml Pfirsichsaft ablöschen, die Sahne angießen. Alles zugedeckt bei mittlerer Hitze 5 Min. leise kochen lassen. Die Pfirsichwürfel hinzufügen und 1 Min. in der Sauce erwärmen. Die Mandelblättchen kurz vor dem Servieren unter den Reis mischen und diesen mit dem Putencurry servieren.

Luxusvariante

Für **Exotischen Früchtereis** das Fruchtfleisch von 1 kleine Papaya, 1/2 Mango und 1 Babyananas klein würfeln. Alles in 1 TL Butter in einer Pfanne 1 Min. erwärmen. Mit den Mandelblättchen unter den Reis mischen.

knackig Schweinefleisch mit Brokkoli

Für 2 Personen:
2 Schweineschnitzel (à 150 g) | 1 EL Sesamöl
2 Knoblauchzehen | 2 kleine Zwiebeln
250 g frischer Brokkoli (wahlweise aufgetauter TK-Brokkoli)
1 Möhre | 4 EL neutrales Pflanzenöl
4 EL helle Sojasauce | Salz | weißer Pfeffer
1–2 EL Zitronensaft
30 g geröstete, gesalzene Cashewkerne

Zubereitungszeit: ca. 30 Min.
Pro Portion: ca. 530 kcal

1 Schnitzel längs halbieren und quer zur Faser in ca. 2 mm feine Streifen schneiden. Mit dem Sesamöl mischen. Knoblauch schälen und fein hacken. Zwiebeln schälen, längs halbieren und in Spalten schneiden. Brokkoli waschen und putzen. Röschen abschneiden und in 1–2 mm dünne Scheiben schneiden, den Stiel schälen und in streichholzgroße Stifte schneiden. Möhre schälen und in ebenso feine Stifte schneiden bzw. hobeln (z. B. mit einem Juliennehobel).

2 2 EL Öl im Wok erhitzen. Fleisch und Knoblauch darin bei starker Hitze unter Rühren 3 Min. braten, an den Rand schieben. 1 weiteren EL Öl im Wok erhitzen. Zwiebeln darin unter Rühren 2 Min. braten, an den Rand schieben. Restliches Öl erhitzen. Den Brokkoli und nach weiteren 2 Min. die Möhren hinzufügen, unter Rühren 1 Min. mitbraten.

3 Fleisch und Zwiebeln mit dem Gemüse mischen, mit der Sojasauce würzen. Mit Salz, Pfeffer und Zitronensaft abschmecken. Die Cashewkerne im Mörser grob zerstoßen und darüber streuen. Mit Reis servieren.

ganz einfach

Gebratener Reis mit Putenfleisch

Für 2 Personen:

150 g Basmatireis (oder 350 g gekochter Reis vom Vortag)
2 Putenschnitzel (à 120 g)
1 Knoblauchzehe
1 Bund Frühlingszwiebeln
1 Bund Thai-Basilikum (Asienladen; ersatzweise Zitronenmelisse)
2 EL neutrales Pflanzenöl
1 Ei / 3–4 EL helle Sojasauce
1 Zitrone

Zubereitungszeit: ca. 30 Min.
Kühlzeit (Reis): ca. 45 Min.
Pro Portion: ca. 560 kcal

1 Den (ungegarten) Reis waschen und mit 350 ml Wasser in einem Topf zum Kochen bringen. Zugedeckt bei sehr schwacher Hitze 15 Min. quellen lassen. Auf einem großen Teller verteilen, in ca. 45 Min. vollständig abkühlen lassen.

2 Das Fleisch kalt abspülen, trockentupfen, längs dritteln und quer in ca. 2 mm breite Streifen schneiden. Knoblauch schälen und fein hacken. Frühlingszwiebeln putzen, waschen und in Ringe schneiden. Basilikum waschen und trockenschütteln, die Blätter grob hacken.

3 Das Öl im Wok erhitzen. Das Ei hineinschlagen. Eigelb und Eiweiß etwas verrühren und bei mittlerer Hitze 2 Min. braten, dabei einmal wenden, an den Rand schieben. Restliches Öl im Wok erhitzen. Knoblauch und Fleisch darin bei starker Hitze 3 Min. unter Rühren braten. Das Ei mit einem Pfannenwender in Streifen teilen und unter das Fleisch mischen.

4 Den kalten Reis und die Kräuter untermischen und ca. 2 Min. unter Rühren mitbraten. Mit der Sojasauce würzen. Die Zitrone waschen, in Schnitze schneiden und den Reis damit bei Tisch beträufeln.

würzig **Reisnudeln mit Schweinefleisch**

(im Bild hinten)

Für 2 Personen:
200 g schmale Reisnudeln (Asienladen)
10 g getrocknete Mu-Err-Pilze
2 Schweineschnitzel (à 120 g)
2 EL Fischsauce (Asienladen)
1 Knoblauchzehe
1 mittelgroße Möhre
100 g Zuckerschoten
50 g Sojabohnensprossen
3 EL neutrales Pflanzenöl
2 EL helle Sojasauce
2 EL Austernsauce (Asienladen)
1/2 TL Zucker

Zubereitungszeit: ca. 30 Min.
Einweichzeit: 1 Std.
Pro Portion: ca. 750 kcal

1 Die Reisnudeln 1 Std. in kaltem Wasser einweichen. Die Pilze separat 30 Min. in kaltem Wasser einweichen. Die Schnitzel längs dritteln und quer in ca. 2 mm breite Streifen schneiden und mit der Fischsauce mischen.

2 Den Knoblauch schälen und fein hacken. Die Möhre putzen, schälen und in hauchdünne Scheiben hobeln. Die Zuckerschoten waschen, putzen, evtl. entfädeln und in Streifen schneiden. Die Sojabohnensprossen kalt abbrausen und in einem Sieb abtropfen lassen.

3 2 EL Öl im Wok erhitzen. Knoblauch und Fleisch darin bei starker Hitze 3 Min. unter Rühren braten, an den Rand schieben. Das restliche Öl im Wok erhitzen. Möhre und Zuckerschoten darin 2 Min. braten. Die Nudeln und die Pilze abgießen, mit den Sojabohnensprossen hinzufügen und alles vermischen. 3 Min. unter Rühren weiterbraten. Mit Sojasauce, Austernsauce und Zucker würzen.

grün, grün, grün ... **Gebratenes Gemüse mit Putenfleisch**

(im Bild vorne)

Für 2 Personen:
1 Hand voll Kerbel
50 g Crème fraîche / 1 EL Zitronensaft
2 Putenschnitzel (à 120 g)
250 g grüner Spargel
100 g Zuckerschoten
1 junger Kohlrabi
100 g junger Spinat
40 g Butterschmalz
Salz / Zucker / weißer Pfeffer

Zubereitungszeit: ca. 35 Min.
Pro Portion: ca. 480 kcal

1 Den Kerbel waschen, auf Küchenpapier abtropfen lassen, fein hacken und mit der Crème fraîche und dem Zitronensaft mischen.

2 Das Fleisch kalt abspülen, trockentupfen, längs halbieren und quer in ca. 1/2 cm breite Streifen schneiden. Den Spargel waschen, im unteren Drittel schälen und die trockenen Enden abschneiden. Die Stangen schräg in ca. 1/2 cm dicke Scheiben schneiden. Die Zuckerschoten waschen, putzen, evtl. entfädeln und in ca. 1 cm breite Streifen schneiden. Den Kohlrabi putzen, schälen und in feine Stifte schneiden. Den Spinat waschen, abtropfen lassen und grob zerschneiden.

3 Die Hälfte des Butterschmalzes im Wok erhitzen. Das Fleisch darin bei starker Hitze 4–5 Min. unter Rühren braten. Salzen und an den Rand schieben. Das restliche Butterschmalz im Wok erhitzen. Spargel, Zuckerschoten und Kohlrabi darin 3 Min. braten. Mit Salz und 1 Prise Zucker würzen. Den Spinat untermischen und 2 Min. mitbraten. Das Fleisch untermischen. Mit Pfeffer abschmecken. Gemüse und Fleisch auf Teller anrichten und mit der Kerbelcreme garnieren.

mediterran **Griechische Lammspieße**

(im Bild links)

Für 4 Personen:
6 EL Olivenöl / 1 Knoblauchzehe
2 EL Zitronensaft / 1 TL getrockneter Thymian
8 Lammschnitzel (aus dem Rückenfilet; à 60–70 g)
1 längliche Aubergine / Salz / Pfeffer
Außerdem:
8 lange Holzspieße / neutrales Pflanzenöl für die Spieße und die Pfanne

Zubereitungszeit: ca. 40 Min.
Marinierzeit: 2 Std.
Pro Portion: ca. 280 kcal

1 Das Olivenöl in eine Schüssel geben. Den Knoblauch schälen und dazupressen. Zitronensaft und Thymian dazugeben. Alles verrühren. Die Lammschnitzel quer in ca. 3 cm breite Streifen schneiden. Zum Knoblauchöl geben, gut vermischen und zugedeckt mindestens 2 Std. (oder über Nacht) kalt stellen.

2 Die Auberginen waschen, putzen, längs halbieren, in ca. 2 cm dicke Stücke schneiden. Die Spieße einölen. Die Auberginenstücke mit etwas Knoblauchöl bestreichen und im Wechsel mit den Fleischstreifen auf die Spieße stecken.

3 Eine Grillpfanne erhitzen und die Stege einölen. Die Spieße darin bei starker Hitze 1 Min. anbraten, wenden und 1 Min. weiterbraten, dann bei mittlerer Hitze auf jeder Seite weitere 3–4 Min. braten, dabei noch zweimal wenden. Herausnehmen, salzen und pfeffern. Dazu besonders fein: Fladenbrot, der indische Tomaten-Gurken-Salat (Seite 109) und Rotwein.

Sommervariante

Die griechischen Lammspieße schmecken auch hervorragend vom **Holzkohlengrill.**

verführerisch duftend **Orientalische Hähnchenspieße**

(im Bild rechts)

Für 4 Personen:
1 EL Sesamöl / 4 EL neutrales Pflanzenöl
1 TL gemahlener Kreuzkümmel
1/2 TL Cayennepfeffer / 1 Prise Zimtpulver
2 große Hähnchenbrustfilets (à 150 g)
2 Bund Frühlingszwiebeln (mit großen Zwiebeln, ersatzweise Schalotten)
500 g Aprikosen / Salz
Außerdem:
8 lange Holzspieße
neutrales Pflanzenöl für die Spieße

Zubereitungszeit: ca. 40 Min.
Marinierzeit: 1 Std.
Pro Portion: ca. 265 kcal

1 Das Sesamöl und 2 EL neutrales Pflanzenöl in einer Schüssel mit Kreuzkümmel, Cayennepfeffer und Zimt verrühren. Das Fleisch kalt abspülen, trockentupfen und in ca. 3 cm große Würfel schneiden. Mit dem Würzöl vermengen und bei Zimmertemperatur 1 Std. ziehen lassen.

2 Die Frühlingszwiebeln waschen, das Grün entfernen und anderweitig verwenden, die Zwiebeln halbieren. Die Aprikosen waschen, halbieren und entsteinen. Die Spieße einölen. Abwechselnd Fleisch, Zwiebeln und Aprikosenhälften darauf stecken. 1 EL Öl in einer Pfanne erhitzen. Spieße darin portionsweise unter Zugabe des restlichen Öls bei mittlerer Hitze von jeder Seite 4–5 Min. braten. Herausnehmen und salzen. Dazu schmecken Couscous (Seite 123) und ein fruchtiger Weißwein.

Tauschbörse

Statt mit Aprikosen schmecken die Hähnchenspieße auch mit **Mango:** 2 Mangos schälen, das Fruchtfleisch in 3 cm große Würfel schneiden, wie beschrieben aufspießen und braten.

preiswert Toskanische Brotspieße

Für 4 Personen:
250 g altbackenes Weißbrot (z. B. Ciabatta)
24 frische Lorbeerblätter (siehe Tipp)
3 Schweineschnitzel (à 150 g)
16 Scheiben Frühstücksspeck (Bacon; ca. 150 g)
2 EL neutrales Pflanzenöl | Pfeffer
Außerdem:
8 lange Holzspieße
neutrales Pflanzenöl für die Spieße

Zubereitungszeit: ca. 30 Min.
Pro Portion: ca. 520 kcal

1 Das Brot entrinden und in ca. 3 cm große Würfel schneiden. Die Lorbeerblätter waschen und trockentupfen. Die Schnitzel in ca. 3 x 3 cm große Stücke schneiden. Jeweils 2 Stücke aufeinander legen und mit 1 Streifen Frühstücksspeck umwickeln.

2 Die Spieße einölen und pro Spieß 3 Brotwürfel, 2 Päckchen Schweinefleisch mit Speck und 3 Lorbeerblätter im Wechsel aufspießen.

3 1 EL Öl in einer Pfanne erhitzen. Die Spieße darin portionsweise unter Zugabe des restlichen Öls bei mittlerer Hitze von jeder Seite 5–6 Min. braten. Herausnehmen und kräftig pfeffern.
Dazu ganz mediterran: der Kirschtomatensalat (Seite 43) und ein trockener Weißwein.

Besonders clever!

Frische Lorbeerblätter *geben ein tolles Aroma. Sind keine zur Hand, zerstoßen Sie stattdessen 3 getrocknete im Mörser ganz fein, mischen das Pulver mit 3 EL Öl und marinieren das Fleisch damit 2 Std. im Kühlschrank.*

würzig **Maurische Fleischspieße**

Für 4 Personen:
4 EL neutrales Pflanzenöl
2 gehäufte TL gemahlener Koriander
1 TL Chilipulver | 4 Putenschnitzel (à 150 g)
Pfeffer | 2 kleine, dünne Zucchini (ca. 3 cm Ø)
je 1 große rote und gelbe Paprikaschote
Salz
Außerdem:
8–10 lange Holzspieße
neutrales Pflanzenöl für die Spieße

Zubereitungszeit: ca. 45 Min.
Marinierzeit: 1 Std.
Pro Portion: ca. 280 kcal

1 2 EL Öl mit dem Koriander und dem Chilipulver verrühren. Das Fleisch kalt abspülen, trockentupfen, flach klopfen und längs in ca. 3 cm breite Streifen schneiden. Kräftig pfeffern und mit dem Koriander-Chili-Öl vermengen. Bei Zimmertemperatur 1 Std. ziehen lassen.

2 Die Zucchini waschen und in ca. 1 cm dicke Scheiben schneiden. Die Paprikaschoten halbieren, putzen, waschen und in ca. 3 x 3 cm große Stücke schneiden.

3 Den Backofen auf 220° vorheizen. Ein Backblech mit Backpapier belegen. Die Holzspieße einölen. Jeweils 1 Fleischstreifen aufspießen. 1 Paprikastück daneben stecken, den Fleischstreifen darum herum legen und wieder aufspießen. 1 Zucchinischeibe aufspießen und den Fleischstreifen wieder darum herum führen. So weiter verfahren, bis alle Zutaten aufgebraucht sind.

4 Die Spieße auf dem Blech verteilen. Im Backofen (oben, Grill) von jeder Seite 4–5 Min. grillen, zwischendurch mit dem restlichen Öl bestreichen. Herausnehmen und salzen. Dazu schmecken der spanische Kartoffel-Tunfisch-Salat (Seite 109) und ein kräftiger Rotwein.

1

2

3

raffiniert **Schneckenspieße**

Für 4 Personen:
1 großes Bund Basilikum
6 dünne Kalbsschnitzel (à 120 g)
Salz / Pfeffer
100 g Ricotta
6 Scheiben Parmaschinken
2 EL neutrales Pflanzenöl
Außerdem:
8 lange Holzspieße
neutrales Pflanzenöl für die Spieße

Zubereitungszeit: ca. 45 Min.
Kühlzeit: 30 Min.
Pro Portion: ca. 380 kcal

1 Das Basilikum waschen und trockenschütteln, die Blätter abzupfen. Die Schnitzel flach klopfen (siehe Seite 38/39) und auf beiden Seiten mit wenig Salz und Pfeffer würzen.

2 Die Schnitzel dünn mit dem Ricotta bestreichen. Die Basilikumblätter darauf verteilen **(Step 1)**. Jedes Schnitzel mit 1 Scheibe Parmaschinken belegen, den Schinken dafür evtl. in Schnitzelgröße zuschneiden.

3 Die Schnitzel von der Schmalseite her fest aufrollen. Die Rouladen an den Seiten so beschneiden, dass alle gleich groß sind.

4 Jeweils 3 Rouladen dicht an dicht auf einen flachen Teller legen. Die Spieße einölen und jeweils 4 Spieße mit gleichmäßigem Abstand durch die Rouladen stechen **(Step 2)**. Die Rouladen für 30 Min. ins Tiefkühlfach geben, damit das Fleisch leicht anfriert und sich besser schneiden lässt.

5 Die Rouladen zwischen den Spießen mit einem scharfen Messer durchschneiden, so dass jeweils 4 Schneckenspieße entstehen **(Step 3)**.

6 1 EL Öl in einer Pfanne erhitzen. Schneckenspieße darin portionsweise unter Zugabe des restlichen Öls bei mittlerer Hitze von jeder Seite 4–5 Min. braten. Dazu machen sich Gratinierte Zwiebeln (Seite 117), die Kartoffeln vom Blech (Seite 115, ohne Sesam) und ein trockener Weißwein ganz besonders gut.

Clever variieren

Die Schneckenspieße machen was her – und sind dabei gar nicht schwierig, wenn Sie den Bogen mal raus haben. Die Füllung lässt sich fast beliebig variieren, sie darf nur nicht stückig oder bröselig sein, damit sie beim Braten nicht herausfällt.
Für deftige **Bärlauch-Schneckenspieße** bestreichen Sie Schweineschnitzel dünn mit mittelscharfem Senf und belegen sie mit Bärlauchblättern und dünnen Speckscheiben. Dazu passen Kartoffelpüree mit Bärlauch-Pesto (Seite 111) und Bier.
Sehr lecker schmecken die Schneckenspieße auch mit den **Pestofüllungen** von Seite 63. Dazu servieren Sie das Mediterrane Gratin oder das Kartoffel-Tomaten-Gratin (Seite 113). Einen asiatischen Touch bekommt die Füllung mit diesem **Koriander-Macadamia-Pesto:** 2 Bund Koriandergrün waschen und trockenschütteln, die Blätter und die zarten Stiele in den Mixer geben. 100 g geröstete, gesalzene Macadamianüsse, 1 kleine grüne Chilischote und 2 EL Limettensaft dazugeben und alles zu einer feinen Paste pürieren. Mit wenig Salz und 1 Prise Zucker abschmecken. Wichtig: Die Macadamianüsse sind sehr empfindlich, die Spieße daher nur bei schwacher bis maximal mittlerer Hitze braten.

Thailand-Import

Saté-Spieße mit Erdnuss-Dip und Gurkensalat

Für 4 Personen:
Für die Spieße:
1 Zwiebel / 1 Knoblauchzehe
1 gestrichener TL Salz
1 TL Zucker
1/2 TL Cayennepfeffer
2 EL Sesamöl
4 dünne Schweineschnitzel (à 150 g)
2 EL neutrales Pflanzenöl
Für den Dip:
6 EL Erdnussbutter (crunchy)
2 EL Zitronensaft
125 g Joghurt (1,5 % Fett)
Salz / Cayennepfeffer
Für den Salat:
1 große Salatgurke
1/2 TL Salz
3 EL Zitronensaft
1 EL neutrales Pflanzenöl
Außerdem:
12–15 lange Holzspieße
neutrales Pflanzenöl für die Spieße
1 Zitrone
einige Salatblätter für die Dekoration

Zubereitungszeit: ca. 45 Min.
Marinierzeit: 30 Min.
Pro Portion: ca. 465 kcal

1 Die Zwiebel und den Knoblauch schälen, grob zerkleinern und mit dem Salz, Zucker, Cayennepfeffer und Sesamöl in den Mixer geben. Alles zu einer feinen Paste pürieren.

2 Die Schnitzel längs in ca. 2 cm breite Streifen schneiden. Die Würzpaste sorgfältig unter die Fleischstreifen mischen. Das Fleisch zugedeckt 30 Min. ziehen lassen.

3 Für den Dip die Erdnussbutter mit dem Zitronensaft und dem Joghurt verrühren. Mit Salz und Cayennepfeffer würzig abschmecken. Den Dip in ein Servierschüsselchen füllen und mit 1 Prise Cayennepfeffer garnieren.

4 Für den Salat die Gurke schälen und in Scheiben hobeln. Die Gurkenscheiben in einer Schüssel mit dem Salz mischen und 10 Min. Wasser ziehen lassen.

5 Die Holzspieße einölen. Jeweils 1–2 marinierte Fleischstreifen wellenförmig auf 1 Spieß stecken und etwas aufreihen.

6 Den Backofen auf 70° vorheizen. 1 EL Öl in einer Pfanne erhitzen. Die Fleischspieße darin portionsweise unter Zugabe des restlichen Öls bei mittlerer Hitze von jeder Seite in ca. 2 Min. goldbraun braten. Die fertigen Spieße im Backofen warm halten, bis alle gebraten sind.

7 Inzwischen die Gurkenscheiben mit den Händen etwas ausdrücken. In einer Salatschüssel mit dem Zitronensaft und dem Öl vermischen.

8 Die Zitrone waschen, abtrocknen und quer halbieren. Mit einem scharfen Messer am Rand entlang kleine Ecken herausschneiden, so dass ein Zackenrand entsteht. Die Salatblätter waschen und mit Küchenpapier trockentupfen. Eine Platte damit belegen und die Saté-Spieße und die Zitronenhälften darauf anrichten.
Mit dem Erdnuss-Dip und dem Gurkensalat servieren.

Tauschbörse

Eine feine **zitronige Schärfe** bekommen die Saté-Spieße, wenn Sie sie statt mit der Würzpaste mit der thailändischen Marinade von Seite 12 zubereiten.
Für einen gelungenen asiatischen Aromen-Mix servieren Sie zu den Spießen statt des Gurkensalates den indischen **Tomaten-Gurken-Salat** (Seite 109).

Beilagen

Feine Begleiter

Schnitzel brauchen die richtigen Beilagen. Doch was kann man zu panierten und gegrillten Schnitzeln außer dem traditionellen Kartoffelsalat servieren? Was passt zu sahnigen Saucen außer Kartoffeln, Reis oder Nudeln? Bei vielen Rezepten sind die perfekten Begleiter schon angeben. Wenn Sie darüber hinaus interessante Rezeptideen suchen, werden Sie in diesem Kapitel fündig!

Klassiker clever variieren

Wer kennt sie nicht, die guten alten Petersilienkartoffeln? Lust auf Abwechslung? Dann probieren Sie mal frisch-würzige **Petersilien-Minze-Kartoffeln:** Für 4 Personen 800 g fest kochende Kartoffeln schälen, grob würfeln und in einem Topf mit Salzwasser bedeckt in 12–15 Min. weich kochen. Je 1 Bund Petersilie und Minze waschen und trockenschütteln, die Blätter fein hacken. Die gegarten Kartoffeln abgießen. Mit 40 g Butter und den gehackten Kräutern in den Topf zurückgeben, Deckel aufsetzen und kräftig schütteln, bis die Butter geschmolzen und die Kartoffeln mit den Kräutern umhüllt sind.

Ebenso unkompliziert sind **Zitronennudeln:** Für 4 Personen reichlich Wasser zum Kochen bringen, salzen und darin 400 g Bandnudeln nach Packungsanweisung bissfest garen. Inzwischen 2 unbehandelte Zitronen heiß waschen und abtrocknen. Die Schale jeweils abraspeln (am besten mit einem Zestenreißer), den Saft auspressen und mit 1/2 TL Zucker verrühren. Die Blätter von 2 Zitronenmelissezweigen waschen, trockentupfen und in feine Streifen schneiden. Die Nudeln abgießen und sofort mit Zitronensaft und -schale und den Melissestreifen mischen. Schmeckt übrigens auch mit Orangensaft und -schale, kombiniert mit frischer Minze sehr fein.

Besonders edel ist **Safranreis:** Für 4 Personen 250 g Langkornreis mit 600 ml Wasser in einem Topf zum Kochen bringen, 1 TL Salz hinzufügen und 1 Döschen Safranfäden (0,1 g) unterrühren. Zugedeckt bei sehr schwacher Hitze ca. 20 Min. quellen lassen. Vor dem Servieren nach Belieben etwas Butter unterziehen.

Salatsaucen auf Vorrat

Ob Schnitzel pur, paniert oder mit Sahnesauce, ob lecker gefüllt oder überbacken – ein frischer Salat passt immer dazu. Und mit diesen beiden Dressings, die Sie jeweils immer gleich für ein paar Tage auf Vorrat zubereiten und in einem Schraubglas im Kühlschrank aufbewahren können, geht's ruckzuck.

Für eine **Vinaigrette** geben Sie 100 ml Weißweinessig, 1 gehäuften TL Salz, 1/2 TL Zucker, 1 TL frisch gemahlenen Pfeffer, 1 EL mittelscharfen Senf und 150 ml Olivenöl in ein sauberes Twist-off-Glas. Verschließen Sie das Glas und schütteln Sie es kräftig, bis sich die Zutaten zu einer cremigen Salatsauce verbinden. Im Kühlschrank aufbewahren und vor der Verwendung noch einmal kräftig schütteln.

Ebenfalls prima für einige Tage auf Vorrat zubereiten können Sie folgendes **Kräuter-Joghurt-Dressing:** 500 g Joghurt (0,1 % Fett) in den Mixer geben. Den Saft von 1 Zitrone, 1 TL Salz, 1/2 TL Zucker und 1 kräftige Prise weißen Pfeffer hinzufügen. 1 Knoblauchzehe schälen und etwas zerkleinern. Je 1 Bund Petersilie und Schnittlauch und 1–2 Zweige Dill waschen und trockenschütteln, die Blätter grob hacken. Knoblauch und Kräuter dazugeben und alles 1 Min. kräftig durchmixen. 200 g Sahne unterrühren (jetzt nicht mehr mixen, weil das Dressing sonst schaumig wird!), in ein Schraubglas füllen und im Kühlschrank aufbewahren. Vor dem Öffnen jeweils kräftig schütteln. Für eine Schüssel Blattsalat oder bunten Salat für 4 Personen brauchen Sie jeweils 4–6 EL Vinaigrette oder 6–8 EL Kräuter-Joghurt-Dressing.

knackig Endivien-Möhren-Salat

(im Bild vorne)

Für 4 Personen:
2 EL Sonnenblumenkerne (wahlweise Pinienkerne)
1 Kopf Endiviensalat
2 Möhren | 1/2 Bund Petersilie
Saft von 1 Zitrone
Salz | Zucker | Pfeffer
4 EL Sonnenblumenöl

Zubereitungszeit: ca. 20 Min.
Pro Portion: ca. 155 kcal

1 Die Sonnenblumenkerne in einer kleinen Pfanne ohne Fett unter Rühren goldbraun rösten und abkühlen lassen.

2 Vom Endiviensalat die äußeren Blätter entfernen und den Strunk abschneiden. Die Blätter gründlich waschen und in einem Sieb gut abtropfen lassen.

3 Die Möhren putzen, schälen und auf der Gemüsereibe grob raspeln oder mit dem Julliennehobel in Stifte hobeln. Den Endiviensalat in Streifen schneiden.

4 Die Petersilie waschen und trockenschütteln, die Blätter fein schneiden. Den Zitronensaft, 1/2 TL Salz, je 1 Prise Zucker und Pfeffer verrühren. Das Öl unterschlagen und die Petersilie untermischen. Salat und Möhren mit der Sauce mischen. Mit den gerösteten Sonnenblumenkernen bestreut servieren. Schmeckt gut zu panierten Schnitzeln nach Wiener Art oder zu mit Käse überbackenen Schnitzeln.

Clever genießen

Für **Salate mit Biss:** Mit Nüssen und Samen wie Pinienkernen, Kürbiskernen, gehackten Walnüssen, Mandelstiften oder Haselnussblättchen lassen sich einfache Blattsalate aufpeppen. Besonders edel wird's, wenn Sie das Dressing mit dem **passenden Nussöl** zubereiten.

fruchtig Chicorée-Orangen-Salat

(im Bild hinten)

Für 4 Personen:
50 g Mandelstifte
500 g Chicorée
2 Orangen | Salz
weißer Pfeffer
3 EL Walnussöl (ersatzweise Sonnenblumenöl)

Zubereitungszeit: ca. 15 Min.
Pro Portion: ca. 190 kcal

1 Die Mandelstifte in einer Pfanne ohne Fett unter gelegentlichem Rühren goldbraun rösten und abkühlen lassen.

2 Von den Chicoréestauden die äußeren Blätter entfernen und den Strunk herausschneiden. Den Chicorée in ca. 2 cm breite Scheiben schneiden, in ein Sieb geben, kalt abbrausen und abtropfen lassen.

3 Die Orangen mit einem scharfen Messer schälen, dabei die weiße Haut vollständig entfernen. Die Fruchtfleischfilets zwischen den Trennhäutchen mit dem Messer herausschneiden, dabei den Saft auffangen.

4 Den aufgefangenen Orangensaft mit je 1 Prise Salz und weißem Pfeffer verrühren, das Walnussöl unterschlagen. Chicorée, Orangenfilets und Mandelstifte mit der Salatsauce mischen und sofort servieren. Passt perfekt zu mit Nüssen panierten Schnitzeln (evtl. die Mandelstifte weglassen) und zu allen orientalisch gewürzten Schnitzeln, Röllchen und Spießen.

deftig **Spanischer Kartoffel-Tunfisch-Salat**

(im Bild vorne)

Für 4 Personen:
800 g fest kochende Kartoffeln
3 Eier
1 Dose Tunfisch in Öl (140 g Abtropfgewicht)
100 g grüne Oliven (ohne Stein)
Salz
4 EL Salatmayonnaise (30 % Fett)
1 EL mittelscharfer Senf

Zubereitungszeit: ca. 25 Min.
Garzeit: ca. 25 Min.
Pro Portion: ca. 350 kcal

1 Die Kartoffeln waschen und in einem Topf mit Wasser bedeckt in ca. 25 Min. weich kochen.

2 Inzwischen die Eier in ca. 10 Min. hart kochen. Den Tunfisch in einem Sieb abtropfen lassen und mit einer Gabel grob zerpflücken. Die Oliven in Scheiben schneiden.

3 Die Eier herausnehmen, kalt abschrecken und pellen. Die Kartoffeln abgießen, ausdampfen lassen und noch warm pellen. Eier und Kartoffeln in sehr kleine Würfel schneiden oder hacken und mit etwas Salz bestreuen.

4 Die Mayonnaise in einer Salatschüssel mit dem Senf verrühren. Kartoffeln, Eier, Tunfisch und Oliven unterheben und evtl. noch einmal mit etwas Salz abschmecken. Passt sehr gut zu gegrillten Schweine- oder Putenschnitzeln.

Clever variieren

Dieses Basisrezept der spanischen »Ensaladilla rusa« können Sie nach Belieben mit **Erbsen, Tomatenachteln, Paprikawürfelchen** und in feine Streifen geschnittenen roten oder weißen **Zwiebeln** anreichern.

erfrischend **Indischer Tomaten-Gurken-Salat**

(im Bild hinten)

Für 4 Personen:
2 reife Strauchtomaten
1 Salatgurke
1 Zwiebel
250 g Joghurt (3,5 % Fett)
Salz
1 TL gemahlener Kreuzkümmel
1 EL neutrales Pflanzenöl
1 TL schwarze Senfkörner (siehe Tipp)

Zubereitungszeit: ca. 15 Min.
Kühlzeit: 1 Std.
Pro Portion: ca. 80 kcal

1 Die Tomaten waschen und in kleine Stücke schneiden, dabei die Stielansätze entfernen. Die Gurke schälen, längs vierteln und in ca. 1/2 cm dicke Stücke schneiden. Die Zwiebel schälen und nicht zu fein würfeln.

2 Den Joghurt in eine Schüssel geben. 1 kräftige Prise Salz und den Kreuzkümmel unterrühren. Die Tomaten- und Gurkenstücke und die Zwiebelwürfel dazugeben und untermischen.

3 Das Öl in einer kleinen Pfanne erhitzen. Die Senfkörner darin 1/2 Min. anrösten. Mitsamt dem Öl zum Salat geben und unterheben. Vor dem Servieren 1 Std. kalt stellen. Perfekt zu scharf und/oder orientalisch gewürzten Schnitzeln, Rouladen und Spießen.

Clever genießen

Die **Senfkörner** bekommen Sie im Asienladen. Sie geben dem Tomaten-Gurken-Salat (indisch »Raïta«) eine pikante Note und sorgen außerdem für eine gute Verdauung.

frühlingswürzig Kartoffelpüree mit Bärlauch-Pesto

Für 4 Personen:
Für das Püree:
1 kg mehlig kochende Kartoffeln
Salz | 200–250 ml Milch
Muskatnuss, frisch gerieben
Für das Pesto:
2 EL Pinienkerne
50 g Bärlauch
30 g Parmesan
6 EL Olivenöl
Pfeffer

Zubereitungszeit: ca. 40 Min.
Pro Portion: ca. 390 kcal

1 Die Kartoffeln schälen und in große Würfel schneiden. In einem Topf mit Wasser bedecken, 1 TL Salz hinzufügen und halb zugedeckt in ca. 15 Min. weich kochen.

2 Inzwischen die Pinienkerne in einer Pfanne ohne Fett unter Rühren goldbraun rösten und abkühlen lassen. Den Bärlauch waschen, putzen, die Blätter grob zerkleinern, die Stiele entfernen. Bärlauch, Pinienkerne, Parmesan und Öl im Mixer zu einer feinen Paste verarbeiten. Mit Salz und Pfeffer würzen.

3 Die Kartoffeln in ein Sieb abgießen, dabei 4 EL Kartoffelwasser auffangen und unter das Pesto rühren. Kartoffeln abtropfen und ausdampfen lassen, dann durch die Kartoffelpresse in einen Topf drücken oder darin mit dem Kartoffelstampfer zerdrücken.

4 Die Milch erhitzen. Kartoffeln bei schwacher Hitze erwärmen und nach und nach so viel heiße Milch unterrühren, bis ein luftiges Püree entsteht. Mit Salz und Muskat abschmecken. Das Püree auf vier Teller verteilen und jeweils mit 2 EL Bärlauchpesto beträufeln. Sehr, sehr fein zu Kalbs-, Puten- und Lammschnitzeln.

Clever variieren

Jemand behauptet, Instant-Kartoffelpüree sei genauso gut? Glauben Sie ihm kein Wort – es geht nichts über das Selbstgemachte, das ja wirklich unkompliziert und superwandelbar ist:
Es versteht sich von selbst, dass Sie Ihr Püree auch mit jedem **anderen Pesto** garnieren können. So lässt sich Bärlauch durch Basilikum, Petersilie oder Rucola ersetzen, statt Pinienkernen können Sie auch Haselnüsse, Pistazien oder Kürbiskerne und statt des Parmesans (aus Kuhmilch) den würzigeren Pecorino (aus Schafmilch) nehmen.
Ebenfalls lecker sind Mischungen mit Gemüse: Für **Kartoffel-Sellerie-Püree** 500 g mehlig kochende Kartoffeln wie beschrieben würfeln und weich kochen. In einem zweiten Topf 1 kleine Knollensellerie (geschält, gewürfelt) in Salzwasser mit einigen Zitronenscheiben in ca. 15 Min. weich kochen. Kartoffeln und Sellerie zusammen zu Püree zerstampfen, 150–200 ml heiße Milch unterrühren. Mit Salz, weißem Pfeffer und Muskat würzen, zum Schluss 50 g Butter unterziehen. Passt gut zu Kalbs- und Rehschnitzeln.
Sie können das Gemüse auch unter das fertige Püree mischen: Für **Kartoffel-Rosenkohl-Püree** 250 g Rosenkohl waschen, putzen, in Salzwasser in ca. 15 Min. weich kochen und grob hacken. Mit 50 g knusprig gebratenen Speckwürfelchen unter das Püree mischen. Mit gerösteten Haselnussblättchen bestreuen und zu Schweine- oder Rehschnitzeln servieren. Hübsch anzusehen und sehr vitaminreich ist **Grünes Püree:** 200 g TK-Erbsen auftauen lassen. 1 Bund Frühlingszwiebeln putzen, waschen, mit dem zarten Grün fein hacken. 150 g jungen Spinat waschen, abtropfen lassen, die Blätter fein schneiden. 50 g Butter in einer Pfanne schmelzen. Die Erbsen darin zugedeckt bei schwacher Hitze 5 Min. garen. Frühlingszwiebeln und Spinat untermischen, 2 Min. mitbraten. Mit Salz und weißem Pfeffer würzen, unter das fertige Kartoffelpüree mischen. Passt sehr gut zu Kalbs-, Puten- und Hähnchenschnitzeln.

Klassiker auf neue Art **Kartoffel-Birnen-Gratin**

Für 4 Personen:
40 g Butter
600 g mehlig kochende Kartoffeln
2 große reife Birnen / Salz / Pfeffer
Muskatnuss, frisch gerieben
150 ml Milch / 150 g Sahne

Zubereitungszeit: ca. 25 Min.
Backzeit: ca. 50 Min.
Ruhezeit: 10 Min.
Pro Portion: ca. 340 kcal

1 Den Backofen auf 200° vorheizen. Eine feuerfeste Form mit etwas Butter ausfetten. Die Kartoffeln schälen und in dünne Scheiben schneiden. Die Birnen schälen und vierteln, dabei die Kerngehäuse entfernen. Die Viertel quer in Scheiben schneiden.

2 Kartoffel- und Birnenscheiben abwechselnd dachziegelartig in die Form schichten. Jede Schicht mit Salz, Pfeffer und Muskat würzen. Milch und Sahne mischen und gleichmäßig über das Gratin gießen. Die restliche Butter in Flöckchen darauf setzen. Im heißen Backofen (Mitte, Umluft 180°) ca. 50 Min. backen.

3 Das Gratin aus dem Ofen nehmen, vor dem Portionieren 10 Min. mit Alufolie abgedeckt ruhen lassen. Super zu Kalbs- und Rehschnitzeln.

Clever genießen

Durch das **Ruhen** in der abgedeckten Form geben Sie den Kartoffeln Zeit, alle köstlichen Aromen aufzusaugen! 10 Min. Ruhezeit vor dem Anschneiden tut auch allen nachfolgenden Kartoffelgratin-Varianten gut.

Clever variieren

Für **Kartoffel-Apfel-Gratin** nehmen Sie statt der Birnen 2 große säuerliche Äpfel (z. B. Boskop, Braeburn) und beträufeln die Scheiben mit 2 EL Zitronensaft, damit sie hell bleiben. Wer mag, gibt über den Sahneguss noch 2 EL geraspelten Käse (z. B. jungen Gouda, Fontina).
Auch Gemüse harmoniert mit Kartoffeln und Sahne: Für **Kartoffel-Kohlrabi-Gratin** verwenden Sie 500 g mehlig kochende Kartoffeln und 4 kleine Kohlrabiknollen mit Grün. Kartoffel- und Kohlrabischeiben abwechselnd in die gefettete Form schichten und mit Salz, weißem Pfeffer und Muskat würzen. Kohlrabigrün sehr fein hacken und unter die Sahnemischung rühren. 2 EL Sonnenblumenkerne darüber streuen. Passt gut zu deftig gewürzten Schweine- und Putenschnitzeln.
Für ein saftiges **Mediterranes Gratin** abwechselnd die Scheiben von 500 g mehlig kochenden Kartoffeln, 2 Zucchini und 4 kleinen Tomaten in eine mit Olivenöl eingefettete Form schichten, kräftig mit Salz und Pfeffer würzen und 1 EL frische Rosmarinnadeln darüber streuen. Statt des Sahnegusses träufeln Sie 3 EL Olivenöl darüber und geben 20 Min. vor Ende der Backzeit noch 2 EL frisch geriebenen Parmesan darüber. Passt gut zu Puten- oder Lammschnitzeln.
Fast schon ein eigenes vegetarisches Gericht (und eine tolle Beilage, wenn zu Ihrem Schnitzelessen auch Vegetarier geladen sind!) ist dieses **Kartoffel-Tomaten-Gratin:** 500 g mehlig kochende Kartoffeln und 500 g Tomaten in Scheiben schneiden. 50 g getrocknete Tomaten (+ 5 EL Einlegeöl; aus dem Glas) abtropfen lassen und in Streifen schneiden. Die Form mit etwas Tomatenöl ausfetten. Kartoffeln, Tomaten und getrocknete Tomaten abwechselnd in die Form schichten. Jede Lage salzen, pfeffern und mit frischen Thymianblättchen (insgesamt 2 EL, ersatzweise 2 TL getrockneter Thymian) bestreuen. 100 g Schafkäse darüber bröckeln und 2 EL Pinienkerne darauf verteilen. Restliches Tomatenöl darüber träufeln. Schmeckt ausgezeichnet zu Schweine- oder Lammschnitzeln.
Die Gratins bei 200° im heißen Backofen (Mitte, Umluft 180°) ca. 50 Min. backen.

1–2–3 in den Ofen
Sesamkartoffeln

(im Bild hinten)

Für 4 Personen:
1 kg neue Kartoffeln
4 EL neutrales Pflanzenöl
100 g Sesamsamen
1 TL Cayennepfeffer / Salz

Zubereitungszeit: ca. 25 Min.
Backzeit: ca. 35 Min.
Pro Portion: ca. 405 kcal

1 Den Backofen auf 200° vorheizen. Ein Blech mit Backpapier belegen. Die Kartoffeln unter fließendem Wasser gründlich abbürsten. Das Öl in eine Schüssel geben. Die Kartoffeln halbieren, in die Schüssel geben und gut durchmischen, so dass sie mit Öl benetzt sind.

2 Die Sesamsamen auf einem Teller mit dem Cayennepfeffer mischen. Die Kartoffeln mit der Schnittfläche in die Sesammischung tauchen und mit der Sesamseite nach unten nebeneinander auf das Blech setzen. Im heißen Backofen (Mitte, Umluft 180°) ca. 15 Min. backen.

3 Kartoffeln wenden und 15–20 Min. weiterbacken. Um zu testen, ob sie fertig sind, mit einem spitzen Messer anstechen. Geht das leicht, Kartoffeln herausnehmen und salzen, sonst einige Min. weiterbacken. Genial zu gegrillten Schweine- oder Putenschnitzeln.

Kräutervariante

Für **Kräuterkartoffeln** die mit Öl benetzten Kartoffelhälften aufs Blech setzen und 20 Min. backen. Inzwischen die Blätter von je 2–3 Zweigen Thymian, Rosmarin und Petersilie fein hacken. Die Kartoffeln wenden, mit den Kräutern bestreuen und 2 EL Olivenöl darüber träufeln. Weitere 10–15 Min. backen, vor dem Servieren salzen und pfeffern.

mediterran
Backofengemüse

(im Bild vorne)

Für 4 Personen:
2 Zwiebeln
4 Knoblauchzehen
3 EL Olivenöl
3 kleine Zucchini
je 2 rote und gelbe Paprikaschoten
600 g mehlig kochende Kartoffeln
2 Zweige frischer Rosmarin
Salz / Pfeffer

Zubereitungszeit: ca. 30 Min.
Backzeit: ca. 50 Min.
Pro Portion: ca. 200 kcal

1 Den Backofen auf 220° vorheizen. Die Zwiebeln schälen, längs halbieren und in Spalten schneiden. Den Knoblauch schälen und in Scheiben schneiden. Zwiebeln und Knoblauch mit dem Öl in eine große Schüssel geben.

2 Die Zucchini waschen, putzen und in dicke Scheiben schneiden. Die Paprika halbieren, putzen, waschen und in große Stücke schneiden. Die Kartoffeln schälen und je nach Größe vierteln oder sechsteln. Zucchini, Paprika und Kartoffeln in die Schüssel dazugeben und gut vermischen, so dass alles leicht mit Öl benetzt ist.

3 Das Gemüse auf ein Blech verteilen und im heißen Backofen (Mitte, Umluft 200°) ca. 15 Min. backen. Inzwischen den Rosmarin waschen, die Nadeln abstreifen.

4 Das Backofengemüse gut durchmischen und mit den Rosmarinnadeln bestreuen. 15 Min. weiterbacken, dann noch einmal wenden. Wenn die Kartoffeln und das Gemüse nach weiteren 15–20 Min. schön gebräunt und gar sind, herausnehmen, salzen, pfeffern und in eine Servierschüssel füllen. Lecker zu mediterran gewürzten Schweine-, Hähnchen- oder Lammschnitzeln.

einfach Geschmolzene Kräutertomaten

(im Bild hinten)

Für 4 Personen:
8 kleine Tomaten (ca. 600 g)
Salz | 1 Knoblauchzehe
je 1 Bund Petersilie und Basilikum
2 Scheiben Toastbrot
4 EL Olivenöl
50 g geraspelter Gratinkäse (aus dem Kühlregal)

Zubereitungszeit: ca. 25 Min.
Backzeit: ca. 23 Min.
Pro Portion: ca. 170 kcal

1 Die Tomaten waschen, jeweils einen Deckel abschneiden und die Tomaten mit einem Kugelausstecher oder einem Teelöffel aushöhlen. An der Unterseite gerade schneiden. Innen mit Salz bestreuen und zum Abtropfen umgedreht auf Küchenpapier setzen.

2 Den Backofen auf 200° vorheizen. Den Knoblauch schälen und fein hacken. Die Kräuter waschen und trockenschütteln, die Blätter abzupfen und fein schneiden. Das Toastbrot entrinden und in kleine Würfel schneiden.

3 Eine feuerfeste Form mit Öl auspinseln. Das restliche Öl in einer Pfanne erhitzen. Die Toastbrotwürfel darin in ca. 3 Min. unter Wenden goldbraun rösten. Knoblauch und Kräuter hinzufügen und 1 Min. mitrösten. Vom Herd nehmen und etwas abkühlen lassen.

4 Die Tomaten mit der Kräutermischung füllen und nebeneinander in die Form setzen. Im heißen Ofen (Mitte, Umluft 180°) ca. 20 Min. backen. Den Käse über die Tomaten verteilen, den Backofengrill zuschalten und die Tomaten in 2–3 Min. goldbraun überbacken. Schmeckt super zu Lamm- und Hähnchenschnitzeln.

preiswert Gratinierte Zwiebeln

(im Bild vorne)

Für 4 Personen:
100 g Butter
4 mittelgroße rote Zwiebeln (ca. 600 g)
Salz | Pfeffer
4 Zweige frischer Thymian (ersatzweise 1 TL getrockneter Thymian)
1/2 Bund Petersilie
100 g Semmelbrösel

Zubereitungszeit: ca. 20 Min.
Backzeit: ca. 45 Min.
Pro Portion: ca. 315 kcal

1 Den Backofen auf 200° vorheizen. Eine feuerfeste Form mit etwas Butter ausfetten. Die Zwiebeln schälen und in ca. 3 mm dicke Scheiben schneiden. In der Form verteilen und mit Salz und Pfeffer würzen. 4 EL Wasser angießen. Die Form mit Alufolie abdecken. Im heißen Backofen (Mitte, Umluft 180°) ca. 15 Min. garen.

2 Inzwischen den Thymian und die Petersilie waschen und trockenschütteln, die Blätter abzupfen und fein hacken. Die restliche Butter mit den Semmelbröseln und den gehackten Kräutern verkneten.

3 Die Alufolie entfernen und die gewürzte Butter in Krümeln über die Zwiebeln verteilen. Ca. 30 Min. offen weiterbacken, bis die Zwiebeln weich sind und eine goldbraune Kruste haben. Macht sich sehr gut zu Schweineschnitzeln.

Tauschbörse

Wie die Zwiebeln können Sie auch **Fenchel** zubereiten. Statt Thymian das Fenchelgrün fein hacken und mit 2 EL geriebenem Parmesan unter die Bröselbutter kneten.

frühlingsfrisch **Kerbel-Gnocchi**

(im Bild vorne)

Für 4 Personen:
750 g mehlig kochende Kartoffeln
50 g Kerbel | Salz | 1 Eigelb
ca. 150 g Mehl (je nach Stärkegehalt der Kartoffeln)
Außerdem:
Mehl für die Arbeitsfläche
1 Kartoffelpresse

Zubereitungszeit: ca. 25 Min.
Garzeit: ca. 25 Min.
Pro Portion: ca. 255 kcal

1 Die Kartoffeln waschen und in einem Topf mit Wasser bedeckt in ca. 25 Min. weich kochen. Inzwischen den Kerbel verlesen, waschen, trockentupfen und sehr fein hacken.

2 Die Kartoffeln abgießen und kurz ausdampfen lassen, dann noch warm pellen und durch die Kartoffelpresse auf die Arbeitsfläche drücken. Auskühlen lassen.

3 Den Kerbel, 1/2 TL Salz, das Eigelb und so viel Mehl unter die Kartoffelmasse kneten, dass ein glatter Teig entsteht. Aus dem Teig auf wenig Mehl daumendicke Rollen formen und diese in ca. 3 cm lange Stücke schneiden. Jedes Stück mit einer Gabel einkerben.

4 In einem großen Topf reichlich Wasser zum Kochen bringen, salzen. Die Gnocchi darin bei mittlerer Hitze so lange ziehen lassen, bis alle an die Oberfläche gestiegen sind. Durch ein Sieb abgießen, gut abtropfen lassen und servieren. Gnocchi passen ausgezeichnet zu Schnitzeln und Rouladen mit Sahne- oder Pilzsauce.

Clever genießen

Schwenken Sie die gegarten Gnocchi vor dem Servieren kurz in 30 g **zerlassener Butter.**

italienisch **Polenta-Rauten**

(im Bild hinten)

Für 4 Personen:
Salz
250 g Polenta-Grieß
4 EL neutrales Pflanzenöl
1 Knoblauchzehe
1 Zweig frischer Rosmarin

Zubereitungszeit: ca. 25 Min.
Kühlzeit: ca. 45 Min.
Pro Portion: ca. 300 kcal

1 In einem Topf 1 l Wasser zum Kochen bringen, 1 gehäuften TL Salz hinzufügen. Den Polenta-Grieß langsam unter ständigem Rühren einrieseln lassen und nach Packungsanweisung zu einem dicken Brei kochen.

2 Die Polenta auf ein Küchenbrett gießen, gleichmäßig ca. 2 cm dick ausstreichen (mit einer Palette oder mit einem breiten Messer) und in ca. 45 Min. vollständig auskühlen lassen.

3 Inzwischen das Öl in ein Schüsselchen geben. Die Knoblauchzehe schälen und dazupressen. Den Rosmarin waschen und trockenschütteln, die Nadeln abzupfen und fein hacken. Unter das Knoblauchöl rühren.

4 Den Backofen auf 200° vorheizen. Ein Blech mit Backpapier auslegen und mit dem Würzöl einpinseln. Die Polenta in ca. 6 cm große Rauten schneiden und mit etwas Abstand auf das Blech legen. Die Rauten mit dem restlichen Öl bestreichen und im heißen Backofen (oben, Grill) in 5–7 Min. goldbraun backen. Die Polenta-Rauten schmecken besonders gut zu Rehschnitzeln und zu Schnitzeln und Rouladen mit Pilzsauce.

würzig mit Biss Zucchini-Pilz-Risotto

(im Bild hinten)

Für 4 Personen:
20 g getrocknete Steinpilze
250 g kleine Egerlinge | 2 kleine Zucchini
1/2 l Gemüsebrühe (Instant) | 60 g Butter
Salz | Pfeffer | 2 EL Olivenöl
200 g Risotto-Reis (z. B. Arborio)
50 g Parmesan, frisch gerieben

Zubereitungszeit: ca. 50 Min.
Pro Portion: ca. 430 kcal

1 Die Steinpilze 10 Min. in 125 ml lauwarmem Wasser einweichen. Die Egerlinge putzen, trocken abreiben und vierteln. Die Zucchini waschen, putzen, längs halbieren und quer in Scheiben schneiden.

2 Die eingeweichten Pilze ausdrücken und klein schneiden. Das Einweichwasser durch ein Sieb zur Gemüsebrühe gießen und erhitzen. Die Hälfte der Butter in einer Pfanne erhitzen. Egerlinge und Steinpilze darin bei mittlerer Hitze 3 Min. braten, salzen, pfeffern und beiseite stellen.

3 Das Öl in einem Topf erhitzen. Den Reis darin unter ständigem Rühren 1 Min. anbraten. Mit einer Schöpfkelle heißer Brühe ablöschen und weiterrühren. Bei mittlerer Hitze 15 Min. leise kochen lassen. Sobald der Reis die Flüssigkeit aufgesogen hat, jeweils Brühe nachgießen und regelmäßig umrühren.

4 Die Pilze und die Zucchini untermischen. Alles 5–7 Min. unter ständigem Rühren leise weiterkochen lassen, bis die Reiskörner weich sind, aber noch etwas Biss haben. Die restliche Butter und den Parmesan unterrühren, mit Salz und Pfeffer abschmecken. Sehr, sehr fein zu einfach in der Pfanne gebratenen Schweine- oder Putenschnitzeln ohne Sauce.

kernig Kräuterweizenpfanne

(im Bild vorne)

Für 4 Personen:
1 kleine Zwiebel
2 Knoblauchzehen
2 EL neutrales Pflanzenöl
250 g vorgegarter Zartweizen (z. B. Ebly)
1/2 l Gemüsebrühe (Instant)
je 1 Bund Rucola, Basilikum und Petersilie
2 EL frisch geriebener Parmesan
20 g Butter
Salz | Pfeffer, frisch gemahlen

Zubereitungszeit: ca. 20 Min.
Pro Portion: ca. 365 kcal

1 Die Zwiebel und den Knoblauch schälen und sehr fein hacken. Das Öl in einer Schmorpfanne erhitzen. Die Zwiebel und den Knoblauch darin glasig anbraten. Den Weizen hinzufügen und 1 Min. mitbraten. Mit der Brühe ablöschen, alles einmal aufkochen und zugedeckt bei schwacher Hitze 10–12 Min. leise kochen lassen.

2 Inzwischen die Kräuter waschen und trockenschütteln, die Blätter fein schneiden. Unter den Weizen mischen und offen 1 Min. leise weiterkochen lassen. Den Parmesan und die Butter unterziehen. Mit Salz und reichlich frisch gemahlenem Pfeffer abschmecken. Der Kräuterweizen begleitet Rouladen mit Gemüsefüllung oder Puten- und Hähnchenschnitzel mit Tomaten- oder Sahnesauce besonders gern.

Clever genießen

Weizen ist reich an Ballaststoffen, pflanzlichem Eiweiß und Mineralstoffen und somit ein wertvoller Beitrag zur gesunden Ernährung. Sie können ihn mit Gemüse, Tomaten, Pilzen, geriebenem Käse, anderen Kräutern und Gewürzen ebenso vielfältig abwandeln wie Reis.

indisch **Gewürzreis**

(im Bild hinten)

Für 4 Personen:
2 kleine Zwiebeln
1 Stück frischer Ingwer (ca. 30 g)
2 Knoblauchzehen
250 g Basmatireis
2 EL neutrales Pflanzenöl
3 grüne Kardamomkapseln
3 Gewürznelken
1 Zimtstange
1 Lorbeerblatt
Salz

Zubereitungszeit: ca. 35 Min.
Pro Portion: ca. 275 kcal

1 Die Zwiebeln schälen, längs halbieren und in schmale Spalten schneiden. Den Ingwer und den Knoblauch schälen und fein hacken. Den Reis in ein Sieb geben und mit kaltem Wasser abbrausen.

2 Das Öl in einem Topf erhitzen. Zwiebeln, Ingwer und Knoblauch darin in 3–4 Min. unter Rühren goldbraun anbraten. Kardamom, Gewürznelken, Zimt und Lorbeerblatt dazugeben und 1 Min. mitbraten.

3 Den Reis hinzufügen und 1 Min. unter ständigem Rühren braten. 600 ml Wasser angießen und zum Kochen bringen, 1 TL Salz dazugeben. Den Reis zugedeckt bei sehr schwacher Hitze ca. 15 Min. quellen lassen. Der Gewürzreis passt sehr gut zu Geschnetzeltem aus dem Wok.

Gemüsevariante

Mit 2 in Stifte geschnittenen Möhren, 100 g kleinen Blumenkohlröschen und 200 g TK-Erbsen (alles mit den Gewürzen anbraten) wird daraus **würziger Gemüsereis.** Er bekommt dazu eine appetitlich gelbe Farbe, wenn Sie mit den Gewürzen 1 TL gemahlene Kurkuma anbraten.

orientalisch **Couscous**

(im Bild vorne)

Für 4 Personen:
50 g Mandelstifte
100 g getrocknete Datteln
2 Orangen | 250 g Möhren
2 kleine Zucchini | 100 g Zuckerschoten
Salz | 350 ml Gemüsebrühe (Instant)
200 g Instant-Couscous (mittelfein)

Zubereitungszeit: ca. 40 Min.
Pro Portion: ca. 390 kcal

1 Die Mandeln in einer Pfanne ohne Fett unter Rühren goldbraun rösten und abkühlen lassen. Die Datteln entkernen und fein würfeln. Die Orangen mit einem scharfen Messer schälen, dabei die weiße Haut vollständig entfernen. Die Fruchtfleischfilets zwischen den Trennhäutchen mit dem Messer herausschneiden, dabei den Saft auffangen.

2 Die Möhren putzen, schälen und in ca. 5 cm lange Stifte schneiden. Die Zucchini waschen, putzen, längs halbieren und in Scheiben schneiden. Die Zuckerschoten waschen, putzen und evtl. entfädeln. Wasser zum Kochen bringen, salzen, die Zuckerschoten darin 3 Min. kochen lassen. Abgießen und in Eiswasser geben oder kalt abschrecken, abtropfen lassen.

3 Die Gemüsebrühe in einem Topf zum Kochen bringen und salzen. Die Möhren darin 2 Min. kochen lassen. Die Zucchini weitere 2 Min. mitkochen lassen. Den Couscous unterrühren und zugedeckt bei sehr schwacher Hitze 3 Min. quellen lassen.

4 Zuckerschoten, Datteln und Orangenfilets samt Saft unterrühren und zugedeckt 4 Min. ziehen lassen. Den Couscous mit den Mandeln bestreut servieren. Perfekt zu orientalisch gewürzten Schnitzeln, Rouladen und Spießen.

Register Rezepte und Hauptzutaten

GU EINFACH CLEVER

Aktuelle Themen zu super Preisen

ISBN 3-7742-6897-5

ISBN 3-7742-5953-4

ISBN 3-7742-6623-9

ISBN 3-7742-5728-0

ISBN 3-7742-6898-3

ISBN 3-7742-6163-6

128 Seiten, 9,90 € [D]

Warum die Hardcoverreihe ist, wie sie heißt:

- *rund 100 Rezepte zum Minipreis*
- *Zutaten-Tauschbörsen und Blitz- und Luxusvarianten für flexibles Kochen*
- *viele bebilderte Info-Baukästen mit allem Wissenswerten rund ums Thema*

GU

Willkommen im Leben.

Impressum

Die Autorin

Margit Proebst studierte Kunstgeschichte und Philosophie in München. Daneben baute sie einen kleinen Partyservice auf, und von Zeit zu Zeit übernimmt sie Aufträge als Foodstylistin. Seit 1999 arbeitet sie als Kochbuchautorin. Die Liebe zur Kunst – und zum guten Essen – führt sie regelmäßig auf Reisen, was sich in dem großen Anteil an »Schnitzeleien« aus aller Welt in diesem Buch widerspiegelt.

Die Fotografen

Das Studio L'EVEQUE Tanja & Harry Bischof (Styling & Fotografie) arbeitet seit Jahren intensiv für Werbung, Bücher und Zeitschriften im Foodbereich. In der Innenstadt Münchens kreiert das 4-köpfige Team Foodaufnahmen mit erfrischendem Licht und appetitanregendem, trendigem Styling. Die Step- und Freisteller-Aufnahmen für dieses Buch machte **Kristina Babics** (Fotoassistenz), die Foodstyling-Assistenz **Hannelore Bellini.**

Danke!

Ein herzliches Dankeschön geht an die Firma **Radspieler** in München, aus deren Programm sich unsere Fotografen bedienen durften.

Programmleitung: Doris Birk

Leitende Redakteurin:
Birgit Rademacker

Redaktion:
Alessandra Redies

Lektorat: Saskia Nickles

Korrektorat: Stefanie Doll

Layout »Einfach clever«, Typographie und Umschlaggestaltung: Thomas Jankovic, GF von engels verlagsbüro in München, Gestalter erfolgreicher Buchserien mit besonderem Gusto auf alles, was Genießern Spaß macht – wie dieses Schnitzel-Buch.

Satz: Knipping Werbung GmbH, Berg/Starnberg

Herstellung: Petra Roth

Reproduktion:
Penta Repro, München

Druck und Bindung:
Printer, Trento

GRÄFE UND UNZER

Ein Unternehmen der
GANSKE VERLAGSGRUPPE

DAS ORIGINAL · GU · MIT GARANTIE

Das Original mit Garantie

IHRE MEINUNG IST UNS WICHTIG. Deshalb möchten wir Ihre Kritik, gerne aber auch Ihr Lob erfahren, um als führender Ratgeberverlag für Sie noch besser zu werden. Darum: Schreiben Sie uns! Wir freuen uns auf Ihre Post und wünschen Ihnen viel Spaß mit Ihrem GU-Ratgeber.

UNSERE GARANTIE: Sollte ein GU-Ratgeber einmal einen Fehler enthalten, schicken Sie uns bitte das Buch mit einem kleinen Hinweis und der Quittung innerhalb von sechs Monaten nach dem Kauf zurück. Wir tauschen Ihnen den GU-Ratgeber gegen einen anderen zum gleichen oder einem ähnlichen Thema um.

Ihr GRÄFE UND UNZER VERLAG
Redaktion Kochen & Verwöhnen
Postfach 86 03 25
81630 München
Fax: 089/41981-113
e-mail: leserservice@graefe-und-unzer.de

ISBN 3-7742-6991-2

Auflage	5.	4.	3.	2.	1.
Jahr	2009	08	07	06	05